Re-shaping Memory Owning History

Through the Lens of Japanese Canadian Redress

National Library of Canada Cataloguing in Publication Data

Main entry under title:
Re-shaping Memory, Owning History: Through the Lens of Japanese Canadian Redress / coordinator/editor, Grace Eiko Thomson; essayists, Midge M. Ayukawa, Roy Miki, Yuko Shibata; translators, Tatsuo Kage (Japanese), Alliance française (French).

Catalogue of an exhibition held at the Museum.
Text in English, French and Japanese.
ISBN 0-9730913-0-4

1. Japanese Canadians–Evacuation and relocation, 1942-1945–Exhibitions. 2. Japanese Canadians–History–Exhibitions. 3. World War, 1939-1945–Reparations–Exhibitions. I. Miki, Roy, 1942- II. Shibata, Yuko, 1946- III. Thomson, Grace. IV. Ayukawa, Midge M. V. Kage, Tatsuo. VI. Japanese Canadian National Museum. VII. Alliance française.

FC106.J3R47 2002	971'.004956'007471133
C2002-911207-9E	F1035.J3R47 2002

Catalogage avant publication de la Bibliothèque nationale du Canada

Vedette principale au titre:
Re-shaping Memory, Owning History: Through the Lens of Japanese Canadian Redress / coordinator/editor, Grace Eiko Thomson; essayists, Midge M. Ayukawa, Roy Miki, Yuko Shibata; translators, Tatsuo Kage (Japanese), Alliance Française (French).

Catalogue d'une exposition tenue au musée.
Texte en anglais, en français et en japonais.
ISBN 0-9730913-0-4

1. Canadiens d'origine japonaise–Évacuation et relogement, 1942-1945–Expositions. 2. Canadiens d'origine japonaise–Histoire–Expositions. 3. Guerre mondiale, 1939-1945–Réparations–Expositions. I. Miki, Roy, 1942- II. Shibata, Yuko, 1946- III. Thomson, Grace. IV. Ayukawa, Midge M. V. Kage, Tatsuo. VI. Japanese Canadian National Museum. VII. Alliance française.

FC106.J3R47 2002	971'.004956'007471133
C2002-911207-9F	F1035.J3R47 2002

CONTENTS

Maikawa Nippon Auto Supplies, Vancouver, BC,
c. 1934
Courtesy of Tokuko Inouye

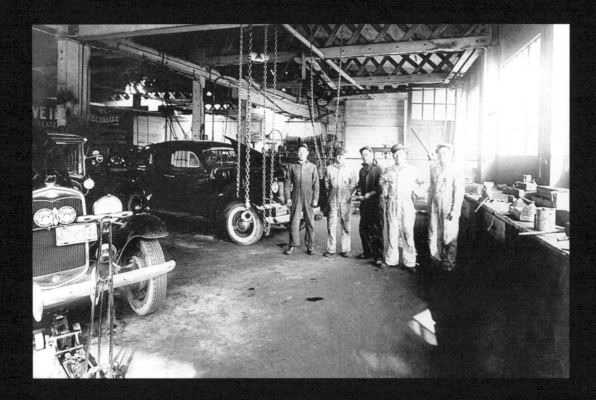

PREFACE

This catalogue commemorates the inaugural exhibition of the Japanese Canadian National Museum, which opened on September 22, 2000, in the newly opened National Nikkei Heritage Centre. The exhibition, *Re-shaping Memory, Owning History: Through the Lens of Japanese Canadian Redress,* is the first to be launched by the Museum in its own space. The opening therefore marked a significant stage in the Museum's development.

Beginning in 1981 as a small subcommittee of the Japanese Canadian Citizens' Association of Greater Vancouver, to ensure preservation of a rich heritage and cultural identity, the group incorporated as a National Museum in 1995, anticipating the move into the National Nikkei Heritage Centre.

The expanded new facility includes space, conforming to national museum standards, for installing exhibitions and for storing archival and artifact collections. Public and education programs are being developed to fulfill the Museum's mission to make known the Japanese Canadian experience as a vital and integral part of Canadian heritage, and to promote understanding and awareness of Canada's ethnic and cultural diversity.

The experience of Japanese Canadian internment and redress is presented in three languages–Japanese, French, and English–through materials from both the archival and artifact collections of the Japanese Canadian National Museum and from public and private collections. The stories are told in layers of voices, excerpted from newspaper reports and editorials, government documents, books and academic papers, oral histories and interviews, and poems and writings by contemporary Japanese Canadian artists. The exhibition closes December 2001 to be crated for travel to host museums across Canada. It is expected to return to the Japanese Canadian National Museum in late 2004 to become a permanent installation.

The Japanese Canadian National Museum strives to produce a first-class national museum: a public trust housing national archival and artifact collections related to our Japanese Canadian history and culture and a forum for explorations of knowledge, of preservation of individual rights and of communities, respecting diverse culture and heritage. It must be of relevance to all Canadians. Successful accomplishment of such aims requires exceptional commitment of donors and volunteers, and we encourage all communities and friends to join us in membership and in support of our fundraising efforts.

The development and production of the inaugural exhibition program, including education and this publication, relied upon financial and in-kind support, generously offered by membership, volunteers, individuals and families, corporate sponsors, government agencies, and foundations. We gratefully acknowledge their assistance by naming them below. We are also very grateful to Dr. Michiko Midge Ayukawa, Dr. Roy Miki, and Ms. Yuko Shibata for their contribution of the essays contained in this catalogue.

Frank J. Kamiya
President
1995 - November 2001

Grace Eiko Thomson
Executive Director
1999 - January 2002

ACKNOWLEDGEMENTS

Sponsors
British Columbia Arts Council
British Columbia 2000 Millennium
    Arts and Heritage
Canadian Heritage, Museums
    Assistance Program
Canadian Race Relations Foundation
Consulate General of Japan
Japanese Canadian Redress
    Foundation
The Leon and Thea Koerner
    Foundation
National Association of Japanese
    Canadians Cultural
    Development Fund
National Nikkei Heritage Centre
    Society
Vancouver Foundation
Membership
Friends of the Inaugural Exhibition
Donors to the Collection
Volunteers

VANCOUVER FOUNDATION

Canadian   Patrimoine
Heritage   canadien

Private and Public Collections
Winifred J. Awmack; Dr. Michiko Midge
Ayukawa; Consulate General of Japan;
Cowan Family; Alec Eastwood; Fumiko
Ezaki; John Flanders; Tatsuo Harada;
Minnie Hattori; Homma Family; B.
Inouye; Kimiko (Kaye) Inouye; Tokuko
Inouye; Basil Izumi; Charles Kadota;
Tadashi J. Kagetsu; Tameo Kanbara;
Yosh Kariatsumari; Katari Taiko Drum
Group Society; Marie Katsuno;
Masanobu Kawahira; Kokoro Dance;
Gordon King; Haruko Kobayakawa;
Sumi Kobayakawa; Dr. Audrey
Kobayashi; Dr. Art Miki; Dr. Roy Miki;
Chiyoko Miyasaka; Kenji Lee
Morishita; Nakamura Family; National
Archives of Canada; National
Association of Japanese Canadians;
Sawae Nishikihama; Odamura Family;
Mary Ohara; Oikawa Family; Tom
Oikawa; Tatsuo Okamoto; Ray Ota;
Noriko Hirota Okusa; Powell Street
Festival Society; Satomi (Pat) Saper;
Akio Sato; Mary Seki; Yoshio (Steve)
Shikaze; Utaye Shimasaki; George
Takeyasu; Fumi Tamagi; Tak Toyota;
University of British Columbia Library,
Special Collections and University
Archives Division; Vancouver Public
Library.

Exhibition Community Advisors
Renay Egami; Masako Fukawa; Kay
Higo; Kelvin Higo; Gordon Kadota;
Tatsuo Kage; Jean Kamimura; Mary
Kitagawa; Tosh Kitagawa; Martin
Kobayakawa; Larry Maekawa; Julie
Matsuyama; Anne Murao; Alia
Nakashima; Lynda Nakashima;
Chikako Nakazawa; Audrey Nishi;
Susan Nishi; Vivien Nishi; Baco
Ohama; Mitts Sakai; Tommy Shimizu;
Dean Shinkoda; Michael Speier;
Tom I. Tagami; Deborah Tuyttens.

Voices in the Exhibition
Ken Adachi; Ted Aoki; Thomas Berger;
Calgary Herald; The Globe & Mail;
Hiromi Goto; Zennosuke Inouye;
Roy Ito; The Japanese Canadian
Centennial Project; Mackenzie King,
PM; Muriel Kitagawa; Amy Higa;
Nisei Affairs, Japanese Canadian
Committee for Democracy; Gordon
Kadota; Tatsuo Kage; Michael T.
Kaufman; Muriel Kitagawa; Roy
Kiyooka; Dr. Audrey Kobayashi;
Cassandra Kobayashi; Fred D. Kondo;
Joy Kogawa; I.H. Kuniyoshi; Ian
Alistair Mackenzie, MP; Dr. Art Miki;
Dr. Roy Miki; Frank Moritsugu;
Lynda Nakashima; The New Canadian;
National Association of Japanese
Canadians; Roger Obata; The New
York Times; Nisei Mass Evacuation
Group; Tom Oikawa; Shinji Sato;
Yuko Shibata; Gerry Shikatani;
Naomi Shikaze; Major General Ken
Stuart; Ann Gomer Sunahara; Buck
Suzuki; David Suzuki; Mas Takahashi;
Shizue Takashima; Fumi Tamagi;
The Toronto Star; Irene Tsuyuki;
The Vancouver Sun; George Watts;
The Winnipeg Free Press.

Exhibition Curatorial Advisors
Dr. Michael Ames; Stan Fukawa;
Dr. Art Miki; Dr. Roy Miki; Dr. Michiko
Ayukawa; Judy Hanazawa; Dr. Audrey
Kobayashi; Yuko Shibata; Mayu
Takazaki.

**Exhibition Curator and Catalogue
Coordinator**
Grace Eiko Thomson

Exhibition Design
D. Jensen & Associates Ltd.; David
Jensen; Kathy Curry; Eric Leyland.

Subconsultants: ABC Photocolour;
Adria Woodcraft; Artcraft Advertising;
Mosaic; Sheila Kirkman Fabric
Graphics.

Catalogue Essays
Dr. Michiko Midge Ayukawa; Dr. Roy
Miki; Yuko Shibata.

**Exhibition and Catalogue
Translations**
French: Alliance française, Anne-Marie
Ventura. Japanese: Tatsuo Kage.

Staff (2000)
Grace Eiko Thomson, Executive
Director/Exhibition Curator;
Susan Michi Sirovyak, Curator of
Collections; Daien Ide, Exhibition
Research Assistant; Reiko Tagami,
Reference and Public Programs
Coordinator; Masako Fukawa,
Education Program Coordinator.

Board of Directors
Chikako Suni Arinobu; Dr. Michiko
Midge Ayukawa; Stan Fukawa;
Grace Hama; Roy Hamaguchi;
Dr. Karen Kobayashi; Frank Kamiya,
President; Yosh Kariatsumari; Dr. Art
Miki; Elmer Morishita; Bryan Negoro;
Craig Ngai-Natsuhara; Les Ohno;
Lana Panko; Marilyn Sakiyama;
David Yamaura; Robert Bessler;
Tama Copithorne; Emily Hirai;
Roger Kamikura; Dr. Paul Kariya;
Donald Mayede; Arthur Miki;
Todd Ono; Dr. Henry Shimizu;
Mike Perry-Whittingham.

National Advisors
Betty Inouye; Hanae Iwaasa Robbs;
Dr. Audrey Kobayashi; Frank
Moritsugu; Raymond Moriyama;
Rei Nakashima; Dr. Thomas Shoyama;
Toyo Takata.

WRITERS

Michiko Midge Ayukawa was born in Vancouver and spent four years during World War II in a camp in Slocan Valley. She then lived in Hamilton and Ottawa before moving back to British Columbia. A former chemist, she obtained a Doctorate in History, in 1997, specializing in Japanese Canadians. Ayukawa has written a number of articles on Japanese Canadians and is co-author of "The Japanese," in the *Encyclopaedia of Canada's People*, ed. Paul Robert Margocsi, University of Toronto Press, 1999.

Roy Miki is a poet, critic, editor, and also a professor in the English Department at Simon Fraser University. He was born in Winnipeg shortly after his family was uprooted from their home in Haney, BC. During the 1980s he was active in the redress movement and served on the committee of the National Association of Japanese Canadians that negotiated the 1988 Redress Agreement with the federal government. He co-authored, with Cassandra Kobayashi, *Justice in Our Time: The Japanese Canadian Redress Settlement* (Talonbooks). Other publications include *Saving Face: Poems Selected 1976-1988* (Turnstone), *Random Access File* (Red Deer College Press), *Broken Entries: Race, Subjectivity, Writing* (Mercury), and most recently, *Surrender* (Mercury). He is currently writing an "inside" history of the redress movement, forthcoming in 2003. He lives in Vancouver, BC.

Yuko Shibata is a Research Associate at the Centre for Japanese Research, I.A.R., University of British Columbia. Her involvement with Japanese Canadian communities began in 1975 with her dissertation research: "Japanese Canadian Women: Lives in Progress." She is co-author of *The Forgotten History of the Japanese-Canadians* (Vancouver: New Sun Books, 1977). Born in Sapporo, Japan, she resides in Vancouver, BC.

"…it was a culmination of years of resentment and hatred of the "inassimilable" Asians who had settled in British Columbia, "a white man's province.""

The expulsion of the Japanese Canadians from the West Coast in 1942, the confiscation of all their property, the "repatriation" of 4000, and the prohibition of their return to British Columbia until 1949, may today be inconceivable to many. Yet, it was the culmination of years of resentment and hatred of the "inassimilable" Asians who had settled in British Columbia, "a white man's province."

Patricia Roy, a historian who has thoroughly studied British Columbia's past and used the above term for the province, has argued that the animosity that British Columbians felt toward Asians began in 1858, the year the colony of British Columbia was created, when Chinese men, lured by the Fraser River gold rush, surged into British Columbia. The British colonial attitude of white supremacy towards Asians was soon entwined with economic conflicts when capitalists, ever conscious of maximizing their profits, hired Asians at lower wages than white labourers, aggravating racial animosity. Negotiations and arrangements for work crews, wages, and living quarters were made by Japanese "bosses." They were usually enterprising men with a working knowledge of English who recruited new immigrants from their prefecture. There is no doubt that the contractors were providing an invaluable service to their fellow countrymen who, strangers in a new land, would otherwise have been unable to survive. Although many of these "benefactors" were indeed altruistic and caring individuals, there were unscrupulous ones who made large profits from the services they offered later – food and sundries to the labour camps. This system of hiring and provision of necessities led to the formation of segregated Japanese logging, sawmill, and fishing camps along the West Coast, increasing their visibility and adding to the fears of the white British Columbians.

The anger and resentment of the white populace climaxed with the September riot of 1907 in Vancouver when an unruly mob attacked Chinatown and the Japanese area on Powell Street. The 1908 Gentlemen's Agreement between Japan and Canada by which sojourners were limited to 400 followed. This brought about a gradual change in the lives of the Japanese immigrants as many brought over wives and settlement took place. Segregated communities grew up around the former labour camps. There was little con-

"Angus MacInnis, CCF member for Vancouver East...argued heatedly [Canada, House of Commons Debates, 1936, p.417] for the extension of the franchise of those 'born and living in Canada,' but found little support in the House and his motion was turned down, 186 votes to 15."

Ken Adachi, *The Enemy that Never Was: A History of Japanese Canadians,* 1991

escalated. The Japanese Labour Union was not recognized until August 1927 when it became officially the Japanese Camp and Millworkers Union, Local 31. A small step forward had been taken, although Japanese workers were still not accepted in the white unions.

Many Japanese men became naturalized citizens and fished for the numerous salmon canneries that lined the mouth of the Fraser River and the northern coast. As the numbers of Japanese fishers increased, resentment among the white and native fishers grew and, bending to public pressure, the government decreased the number of licences to the Japanese. Although many Japanese immigrants had fished to earn money to fulfill their dreams of buying land and farming, others who had intended to continue to fish then turned to farming. The majority bought uncleared land in the Fraser Valley and became berry farmers, while others went into the Okanagan Valley.

In the agricultural field, too, racial animosity towards the Japanese immigrants developed. Movements arose to have the British Columbia government pass legislation similar to the Alien Land Law in the United States coastal states. These American laws prohibited "aliens ineligible to citizenship" from buying agricultural land, or leasing for more than three years. Later these laws were amended to completely abolish leasing and ownership by a native-born minor. Through the leadership of a few astute men in the Japanese Canadian community and their formation of a Berry Co-operative which included white farmers, adoption of this type of land law was halted.

However, racism continued to raise its ugly head and politicians, to please the electorate, periodically enacted laws that denied civil rights to Asians. Although the Japanese Consulate, citing the Anglo-Japanese Alliance of 1902 and 1905, managed to annul a few, many legal restrictions did remain. The most onerous one was disenfranchisement. It not only made the Japanese Canadians vulnerable to unscrupulous politicians who ran on racist platforms, but also excluded the Canadian-born from many professions such as law, pharmacy, and accounting.

The Japanese Canadians made a number of efforts to remedy the situation. During World War I approximately 200 naturalized Japanese men, unable to enlist in British Columbia, travelled to Alberta to volunteer in the Canadian army. Fifty were killed in action and many were wounded. After years of efforts to obtain the franchise, the veterans were finally successful in 1931.

Registration card, 1941

".... racialization...designated the `Jap' within
the nation as a body whose movement had
to be documented, policed, and contained
through state representation...How else could
so many thousands of 'citizens' be rounded
up...Once coded as raced the 'Japanese
Canadian' subject was rendered invisible."

Dr. Roy Miki,
Broken Entries, **1998**

The Nisei, the Canadian-born, who were reaching maturity in the 1930s formed their own association, the Japanese Canadian Citizens' League, in 1936. Although public discrimination and segregation in restaurants, theatres, and swimming pools were personally hurtful and humiliating, their main goal was to seek full rights of citizenship. A delegation of four travelled to Ottawa and made a presentation to the Special Committee on Elections and Franchise Acts to secure the right to vote federally despite British Columbia's provincial voting restrictions. (The lack of provincial franchise precluded them from the federal one.) They were unsuccessful but the Nisei continued their struggle. They established their own English language newspaper to present their own points of view to their Issei elders as well as to the rest of the Canadian people.

In the 1930s, as the military aggression of Japan escalated, the public image of the Japanese Canadians deteriorated further and rumors of Japanese spies, subversion, and a silent invasion grew. Yielding to public pressure, in 1941, the Royal Canadian Mounted Police carried out the registration of all Japanese in Canada – nationals, naturalized citizens, and the Canadian-born. They also compiled a list of "suspicious" individuals who were predominantly community leaders, Japanese language school principals, and men who carried out business deals with major companies in Japan.

The bombing of Pearl Harbor on December 7, 1941, by Japan, with the ensuing hysteria, provided the politicians with the tools to fan the flames of public fear and hatred of the Japanese Canadians. In the House of Commons, they argued their case convincingly. All those of Japanese origin were classified as enemy aliens and were expelled from the West Coast. Within a short time, their property was confiscated and sold at outrageously low prices without the owners' consent. "Repatriation" of 4000 followed in 1946 and the majority were dispersed across the expanse of Canada. By confiscating all their property and continuing the ban of Japanese Canadians from the West Coast until April 1, 1949, the ultimate destruction of this ethnic community was achieved.

Michiko Midge Ayukawa, Ph.D.
February 20, 2001

Leaving on train under government policy of
deportation and dispersal, c. 1946
JCNM 94/69.4.29

HERE, YOU ARE FREE!

FREE to live and work in peace and comfort. Free to dream, free to plan your future. Free from cruel decrees. Free from confiscation, from suffering, from wanton imprisonment without cause.

Yes, you are FREE, in Canada. Keep it that way. Help to free Canada from a longer war, from further suffering, from greater trials. Hasten our Victory, speed the return of our troops!

Here is how you can do it. LEND YOUR MONEY TO CANADA. You will be given Victory Bonds as security, and every dollar will be repaid to you in FULL—with interest! This is Canada's promise to you, and Canada has always kept its promises to pay.

When you LEND your money for Victory Bonds, it is still your money. It earns good interest.

Every dollar you LEND enables Canada to give her troops more power, hastens their victory, brings the bright post-war period closer, and helps you to remain free.

LEND your money, now. Lend freely. Lend all you can out of savings, then lend more on the instalment plan. You will get Victory Bonds for every dollar you LEND, and every bond will be a protection for your own, and your family's future.

HOW TO BUY

Give your order to the Victory Loan salesman who calls on you or place it with any branch bank or trust company. You can also buy Bonds through your employer for cash or on the Payroll Savings Plan. Or send your order to your local Victory Loan Headquarters. Any one of these agencies will be glad to give you every assistance in completing your application. Bonds may be bought in denominations of $50, $100, $500, $1,000 and larger.

SPEED THE VICTORY

BUY VICTORY BONDS

NATIONAL WAR FINANCE COMMITTEE

"It is a fact no person of Japanese race born in Canada had been charged with any act of sabotage or disloyalty during the war years."

**Prime Minister Mackenzie King,
Debates, House of Commons, August 4, 1944**

September 22, 1988, Prime Minister Brian Mulroney announced in Parliament that a comprehensive Redress Settlement had been reached with the National Association of Japanese Canadians (NAJC), whose representatives were seated in the gallery directly before and above his gaze. There was resounding applause. Following the Prime Minister, Liberal Sergio Marchi and NDP Ed Broadbent spoke on the value of Redress for this country. Broadbent, whose first wife is Japanese Canadian, faltered and his voice quavered as he read from Obasan, Joy Kogawa's novel of the internment, the words filling the chamber, then trailing off: "There are some nightmares from which there is no waking, only deeper and deeper sleep" (194). Opposite the NAJC delegation, on the other side of the gallery, sat Joy Kogawa, intently listening. This ceremonial moment constituted the official acknowledgement of the injustices that Canadians of Japanese ancestry suffered during the 1940s. For JCs, it was a necessary public act to reveal the atrocities buried so long in the archives of our country's history. Their perspective had been negotiated in the settlement, so the words lifted the burden of the past: During and after World War II, Canadians of Japanese ancestry, the majority of whom were citizens, suffered unprecedented actions taken by the Government of Canada against their community. Despite perceived military necessities at the time, the forced removal and internment of Japanese Canadians during World War II and their deportation and expulsion following the war was unjust.

The acknowledgement goes on to record the other injustices – the stripping of rights, the dispossession, and the dispersal. Though the loss of human dignity could never be erased, the agreement later signed by NAJC President Art Miki and Prime Minister Mulroney helped to renew the democratic principles that had been betrayed.

To understand the internal dynamics of the JC group that achieved Redress – a subject I have just begun to research for a documentary study of the movement – we should be aware of the bridges that had to be constructed before a legitimate campaign could be undertaken. At the outset of the political struggle in 1984, nowhere was this more apparent than in the disarray on the NAJC Council, the governing body of representatives from JC centres across Canada. The leadership in the scattered communities had

ACKNOWLEDGEMENT

As a people, Canadians commit themselves to the creation of a society that ensures equality and justice for all, regardless of race or ethnic origin.

During and after World War II, Canadians of Japanese ancestry, the majority of whom were citizens, suffered unprecedented actions taken by the Government of Canada against their community.

Despite perceived military necessities at the time, the forced removal and internment of Japanese Canadians during World War II and their deportation and expulsion following the war, was unjust. In retrospect, government policies of disenfranchisement, detention, confiscation and sale of private and community property, expulsion, deportation and restriction of movement, which continued after the war, were influenced by discriminatory attitudes. Japanese Canadians who were interned had their property liquidated and the proceeds of sale were used to pay for their own internment.

The acknowledgement of these injustices serves notice to all Canadians that the excesses of the past are condemned and that the principles of justice and equality in Canada are reaffirmed.

Therefore, the Government of Canada, on behalf of all Canadians, does hereby:

1) acknowledge that the treatment of Japanese Canadians during and after World War II was unjust and violated principles of human rights as they are understood today;

2) pledge to ensure, to the full extent that its powers allow, that such events will not happen again; and

3) recognize, with great respect, the fortitude and determination of Japanese Canadians who, despite great stress and hardship, retain their commitment and loyalty to Canada and contribute so richly to the development of the Canadian nation.

Prime Minister of Canada

RECONNAISSANCE

En tant que nation, les Canadiens se sont engagés à édifier une société qui respecte les principes d'égalité et de justice pour tous ses membres sans égard à leurs origines culturelles ou raciales.

Pendant et après la Deuxième Guerre mondiale, des Canadiens d'origine japonaise, citoyens de notre pays pour la plupart, ont eu à souffrir de mesures sans précédent prises par le gouvernement du Canada et dirigées contre leur communauté.

En dépit des besoins militaires perçus à l'époque, le déplacement forcé et l'internement de Canadiens japonais au cours de la Deuxième Guerre mondiale, ainsi que leur déportation et leur expulsion au lendemain de celle-ci, étaient injustifiables. On se rend compte aujourd'hui que les mesures gouvernementales de privation des droits civiques, de détention, de confiscation et de vente des biens personnels et communautaires, ainsi que d'expulsion, de déportation et de restriction des déplacements, qui ont été maintenues après la guerre, découlaient d'attitudes discriminatoires. Les Canadiens japonais internés ont vu leurs biens liquidés, le produit de la vente de ceux-ci servant à payer leur propre internement.

En reconnaissant ces injustices, nous voulons signifier à tous les Canadiens que nous condamnons les abus commis dans le passé et que nous reconfirmons pour le Canada les principes de justice et d'égalité.

En conséquence, le gouvernement du Canada, au nom de tous les Canadiens:

1) reconnaît que les mesures prises à l'encontre des Canadiens japonais pendant et après la Deuxième Guerre mondiale étaient injustes et constituaient une violation des principes des droits de la personne, tels qu'ils sont compris aujourd'hui;

2) s'engage à faire tout en son pouvoir pour que de tels agissements ne se reproduisent plus jamais;

3) salue, avec grand respect, la force d'âme et la détermination des Canadiens japonais qui, en dépit d'épreuves et de souffrances considérables, ont conservé envers le Canada leur dévouement et leur loyauté, contribuant grandement à l'épanouissement de la nation canadienne.

Le Premier ministre du Canada

"This ceremonial moment constituted the official acknowledgement of the injustices that Canadians of Japanese ancestry suffered during the 1940s."

1980s, when Canadian Redress was just germinating, there was much publicity around the hearings held by the Congressional Redress for Japanese Americans. Some on this side of the border raised some key questions: Was the same action possible here? Perhaps a Royal Commission? Why aren't we holding community meetings across Canada? What about the individual compensation? Instead of exploring the far-reaching consequences of these and other questions, the NAJC Council was inactive, or rather they had allowed their National Redress Committee to be controlled by a small clique in Toronto far removed from the ordinary JCs who directly suffered the injustices.

The history of this breakdown of community authority began in the immediate post-internment period. From the early 1950s on, as JCs struggled to rebuild their lives in alien places, they turned away from the pains of the injustices, withdrawing into a silence about the internment. The objective, then, was to assimilate and to forget the past, understandably so, after a decade of severe discriminatory restrictions. The pattern continued in the 1960s, though some Sansei began to question the discontinuity of their history and their parents' reluctance to explain the wartime atrocities. In the mid-1970s, however, stories of internment began to resurface, especially as JCs prepared for and celebrated their centennial in 1977 – 100 years since the first JC settler Manzo Nagano. There was a flurry of cultural and community activities which reflected a renewed sense of pride, there was some talk about Redress – a Reparations Committee was formed in 1978 at a conference of the NJCCA – but no grassroots work was done to promote the issue and to organize JCs.

In effect, by the late 1970s, community authority was divided between the local centres with their own autonomous organizations and the national organization, the National JCCA, which had fallen into a kind of dormant state from the mid-1950s through to the mid-1970s, centred as it was in Toronto during the whole time. The gulf between the local and the national, in fact, meant that the NJCCA no longer derived its authority from its community base. An awareness of this problem, in 1980, led to an attempt to reshape the NJCCA into an association constituted by the local centres, each with its own name and constitution. It was then that the NJCCA became the NAJC. However, the name change did not lead to the necessary restructuring to bridge the gap between the local and the national. Consequently, when the issue of Redress flared up in the early 1980s, decision making in the NAJC had no relevance for the grassroots JC community – that is, for those very individual women and men who experienced the internment.

TO MALE ENEMY ALIENS
<u>NOTICE</u>

Under date of February 2nd, 1942, the Honourable the Minister of National Defence with the concurrence of the Minister of Justice gave public notice defining an area of British Columbia, as described below, to be a protected area after the 31st day of January, 1942; that is to say, that area of the Province of British Columbia, including all islands, west of a line described hereunder:–

> Commencing at boundary point No. 7 on the International Boundary between the Dominion of Canada and Alaska, thence following the line of the "Cascade Mountains" as defined by paragraph 2 of Section 24 of the Interpretation Act of British Columbia, being Chapter 1 of the Revised Statutes of 1936, to the Northwest corner of Lot 13–10, Range 5, Coast Land Districts, thence due East to a point due North of the Northwest corner of Lot 373, Range 5, Coast Land District, thence due South to said Northwest corner of Lot 373 being a point on the aforementioned line of the "Cascade Mountains", (being the area surrounding the village municipality of Terrace); thence following said line of the "Cascade Mountains" to the Western Boundary of Township 5, Range 26, West of the 6th Meridian, thence following the Northerly, Easterly and Southerly Boundaries of said Township 5, to the Southwest corner thereof, being a point on the line of the "Cascade Mountains" (being the area surrounding the village municipality of Hope); thence following the "Cascade Mountains" to the Southerly boundary of the Province.

Pursuant to the provisions of Regulation 4 of the Defence of Canada Regulations, the Minister of Justice has, on the 5th day of February, 1942, ordered that:–

1. All male Enemy Aliens of the ages of 18 years to 45 years, inclusive, shall leave the protected area hereinbefore referred to on or before the 1st day of April, 1942;

2. That, subject to the provisions of paragraph No. 1 of this Order, no Enemy Alien shall, after the date of this order, enter, leave or return to such protected area except with the permission of the Commissioner of the Royal Canadian Mounted Police Force, or an Officer of that Force designated by the Commissioner to act for him in this respect;

3. That no Enemy Alien shall have in his possession or use, while in such protected area, any camera, radio transmitter, radio short-wave receiving set, firearm, ammunition, or explosive.

S.T. WOOD (Commissioner)
OTTAWA, February 7, 1942.　　Royal Canadian Mounted Police
TO BE POSTED IN A CONSPICUOUS PLACE

Kaslo, B.C.
Sept. 21st, 1944.

Office of the Custodian,
Department of the Secretary of State,
Royal Bank Building,
Vancouver, B.C.

Dear Sir:-

I have recently been advised that you sold my farmland which is known and described as S½ of NE¼ of Sec. 32, T.P.2, District of New Westminster and located in the Municipality of Surrey, to the Director of the Veterans' Land Act.

I should like to point out to you that the alleged transfer of this property was made without any consultation to me and without my consent. I do object to your action and I hereby protest for this forced sale of my property.

I am an ex-service man having served in the Canadian Expeditionary Forces in the last Great War, and this farmland was acquired by me through the Soldier Settlement Board for the price of $3200 in 1919. Since I bought this wild land, 32 acres were cleared by me out of which 20 acres are undercultivation and productive, and also since then two dwellings, two roots houses, a barn and a woodshed were built, thus the value of the property was estimated to be approximately $14000.00.

I can not but think that you are wrongfully exercising your capacity in selling property of an ex-service man for the purpose of reselling the same to an ex-service man of the present war.

Hoping this will draw your special attention,

I am,

Yours truly,

....
Z. Inouye

CANADA
DEPARTMENT OF THE SECRETARY OF STATE
OFFICE OF THE CUSTODIAN
——— JAPANESE EVACUATION SECTION ———

PHONE PACIFIC 6131
PLEASE REFER TO
FILE No. 8788

506 ROYAL BANK BLDG.,
HASTINGS AND GRANVILLE
VANCOUVER, B.C.

18th October, 1944.

Mr. Zennosuke Inouye,
Registration #03243,
Kaslo, B.C.

Dear Sir:

Your letter of the 21st September has come to me for acknowledgment.

In regard to the reference to your being an ex-serviceman in the last war our position in this matter was outlined in our letter to you of August 5th, 1943. As indicated then, we are carrying out an overall policy applicable to all Japanese properties in this area.

As you are aware, your own land was included in a group sale which was made to the Director, the Veterans' Land Act.

Your remarks have been carefully read and we note your reference to what you consider may be the present value of this property.

The sale to the Veterans' Land was based on current independent appraised values and the sale was completed on that basis.

Your letter has been placed on our file so that your comments will remain on record and your protest noted.

Yours truly,

F. G. Shears,
Director.

FGS/PMH

"The govermnent documents...demonstrate that each order-in council under the War Measures Act that affected the Japanese Canadians...was motivated by political considerations rooted in racist traditions accepted and indeed encouraged by persons within the government of the day."

Ann Gomer Sunahara
The Politics of Racism, 1981

To make matters even more critical, in early 1983 –
though the crucial documents seem to have disappeared,
for obvious reasons – the chairman of the NAJC'S National
Redress Committee at that time, George Imai, without
consulting the NAJC Council, announced his intention to
seek a community foundation as Redress from the Liberal
government. There was talk about a $50 million figure for
the foundation, but no proposal had been disseminated
amongst JCs, and only a handful, primarily those in Imai's
circle, even knew what was supposedly being done on their
behalf. Even the NAJC President at the time, Gordon
Kadota, was taken by surprise. For those, like myself,
who thought of Redress as an educational campaign this
action was a betrayal of the democratic process within our
community. The political machinations behind Imai's deal-
ings with the government are clouded by rumour and
speculation – more research is badly needed – but possibly
he may have worked out some kind of settlement scheme
without informing the NAJC Council. He had strong,
well-known connections with the Liberal government, and
he received a government grant in excess of $100,000
specifically to have his community foundation proposal
endorsed by JCs (through questionnaires) and the
NAJC Council (at a national conference planned for that
purpose).

Fortunately, his plan self-destructed as JCs from various
local communities across Canada became outraged that
the Redress issue was being closed before it even had a
chance to open. During the greater part of 1983, the NAJC
was torn apart by volatile discussions and over the power
which should have been vested in the NAJC President and
the Council, who in turn should have been accountable to
the whole JC community. Although the NAJC was in a state
of disorder, the protests were strong enough to challenge
Imai's authority. His power was revoked at the NAJC
Council in January 1984, in Winnipeg. Art Miki was elected
President. The Imai controversy, as destructive as it was
for NAJC Council members, shocked them into realizing the
complexity of Redress and the need for a lot more JCs to
participate in the movement to seek justice. It was from
January 1985 on that the work to reshape the NAJC into a
representative organization and to mount an educational
and political Redress campaign began in earnest.

As the movement got under way in the NAJC, however –
despite the power struggles and the controversy – the vast
majority of JCs still knew little, or thought little, about the
importance of Redress as a human rights issue. And
though they experienced internment, they were not aware
of the recently accessible documents from the government's archives proving that the uprooting was the result
of racism and not a necessary military measure. Indeed,
many still did not know about the "politics of racism" (to
use Ann Sunahara's apt phrase for her study of the internment) that underlay the government's treatment of them
during the 1940s. Many had never dared to question the
policies used to carry out the internment. For these the

Men's dormitory, Hastings Park,
Vancouver, c. 1942
JCNM 9469.3.018, Alex Eastwood Collection

**Women's dormitory, Hastings Park,
Vancouver, c. 1942**
JCNM 94/69.3.20, Alex Eastwood Collection

Laundry room, Hastings Park, Vancouver, c. 1942
JCNM 94/69.3.28, Alex Eastwood Collection

"Our community was destroyed in 200 days."

Roy Ito, Stories of My People, 1944

17

previous 30 years gave way to a cacophony of conflicting voices and opinions. At one extremity, some feared the disturbance and turned away, choosing silence over debate; at the other extremity, some who hadn't been involved in community politics for years came out of their privacy and leapt into the struggle. Most stood by and watched in an atmosphere that was a mixture of excitement, curiosity, cynicism, disbelief, anxiety, and concern. I cannot, at least within the limits of this talk, adequately account for the multifaceted quality of this moment of awakening, but to understand why it can be defined as an "awakening" we should return to the government's oppressive actions some 40 years earlier to erase the identity of Japanese Canadians.

It was August 4, 1944, and on that auspicious day in Parliament, Prime Minister Mackenzie King announced his government's so-called solution to the racism faced by JCs – in a word, dispersal. Already uprooted for more than two years, their homes, properties and belongings confiscated and sold by the Custodian of Enemy Alien Property – their West Coast community, in fact, destroyed by the government's systematic assault – JCs had lost everything of value, including their human dignity and freedom. The government had even forced them to pay for their own internment with funds collected by the Custodian through the sale of confiscated assets. Now they were about to be uprooted a second time.

Before the Redress movement, few Canadians knew that the Custodian kept an accounting for individuals and doled out a living allowance out of their own funds, and that this money had to be used up before the government would provide any assistance. One example reflects the numerous kinds of personal injustices to which that system was prey. A JC family was shipped to Alberta to a sugar beet farm and were unlucky enough to be placed with a farmer whose farm was running at a loss, so at the end of the season, the farmer refused to pay their menial wages and instead demanded government assistance. The BC Security Commission allowed the Custodian to use funds in the family's account to "pay" for their wages. The JC family worked for one year at back-breaking work thinking they could earn some money to move to eastern Canada, and then found themselves forced to pay themselves. Such injustices are often spoken of, but they are very difficult, and in so many cases, impossible to document adequately because the decision making by the government's representatives was often simply done in an ad hoc manner. JCs were powerless to defend themselves. Branded "enemy alien," stripped of all their rights, they were

Road camp, Decoigne, Alberta, c. 1942
JCNM 96/82.1.027, Fumiko Ezaki collection

"…we have said YES to all your previous
orders, however unreasonable…But we are
firm in saying NO to your last order which
calls for break-up of our families…"

**Excerpt from letter to BC Security Commission
from the Nisei Mass Evacuation Group,
April 15, 1942. Courtesy of Tameo Kanbara**

in one of the many chicken shacks used to house whole families on the sugar beet farms. The reports are silent about the fisherman brutally assaulted by white fishermen while he was trying to return home to rejoin his family, and who died in the hospital. The reports do not account for the elderly who quickly weakened and died because of barbaric living conditions in the internment camps and on sugar beet farms. They do not describe the harsh living conditions on the prairies, the freezing winters with no insulation on the walls of the shacks. And, of course, they make no mention of the emotional anguish, the strain, the terror before an unknown future as the scapegoats in a racist country. In short, the reports tell us nothing of the victims themselves.

As we return to Prime Minister King rising to speak in Parliament, we listen to the official, matter-of-fact language of government policy: "The sound policy and the best policy for the Japanese Canadians themselves, is to distribute their numbers as widely as possible throughout the country where they will not create feelings of racial hostility" (5917). For Mackenzie King, racism is caused by the visibility of the non-white victim. Were they to be dispersed in small numbers all over Canada they would become more invisible as a group, and thus they would not "create feelings of racial hostility" in Canadians. Of course, in this twisted logic, the enforced dispersal away from the West Coast is being done for the good of the victims. King's speech, further on, also included a not-so-benignly disguised threat. His government intended to establish some kind of "quasi-judicial commission to examine the background, loyalties and attitudes of all persons of Japanese race in Canada to ascertain those who are fit persons to be allowed to remain here" (5916).

If you were a JC who had already been subjected to a series of discriminatory orders, the message is crystal clear: comply with the dispersal policy or be judged disloyal and therefore subject to deportation. The "quasi-judicial" commission was never established, perhaps because it was too overtly racist even for King, but in the spring of 1945, the government instigated another double-bind proposition designed to enforce dispersal. RCMP and Department of Labour officers approached interned Japanese Canadians and asked them to choose: "repatriation" to Japan (the euphemism to exile and deportation) or "dispersal" east of the Rockies. Obviously, JCs were not being offered a legitimate choice: they were being pressured either to leave Canada or leave BC. The real objective was to prevent them from returning to the coast to rebuild their lives and their community.

"I heard it whispered late at night that there was suffering... and I missed my dolls"
Joy Kogawa, excerpt from poem, What Do I Remember of the Evacuation, 1974

21

removed in 1942, the most dramatic change occurred in BC where the JC population dropped from 11,096 to 7,169. The Ontario population, on the other hand, jumped from 234 to 8,581. As a direct result of the government's sugar beet labour projects, the Alberta population jumped from 578 to 3,336, and in Manitoba from 42 to 1,161. The Quebec population, because of government pressure to resettle in Montreal, jumped from 48 to 1,137. Moreover, the JC population shrank in 1946 when 3,964 individuals were deported to Japan (A. Kobayashi 6; Sunahara 173). The geographical distribution pattern established then has conditioned the demographic make-up of the present JC community.

Dispersal obliterated the homogeneous complex of JC communities on the West Coast and eventually led to the growth of highly developed localized JCs communities in various Canadian cities where JC were relocated in the postwar years. During this process, the older pattern of leadership also disintegrated. The Issei generation, who were formerly so powerful and who governed with tradi-tional autocratic methods, lost their hold on the dispersed community; instead, stripped of their social and cultural institutions and relocated to alien cities, they found them-selves dependent on their Canadian-born Nisei children with their proficiency in English. During the mass uprooting the Nisei generation had come of age and were forced to assume the responsibilities of leadership. As the balance of power shifted from the Issei to their children, educated as they were to believe in Canadian democracy, it was the Nisei who sought to form a national organization to give their scattered communities a vehicle through which they could defend their rights and seek reparations (the word used for "redress" at that time). NJCCA was constituted in September 1947, in Toronto, with provincial representa-tives from across Canada. At that time JCs were still not allowed to vote (that would not come until 1948; 1949 in BC), hence the term "citizens" in the title. The will to break down racist barriers preventing them becoming bona fide Canadians was a major impetus of their political efforts.

Talking of her younger generation, writer Muriel Kitagawa recalled that "the Nisei came into their own" in the midst of the catastrophic upheaval caused by the dispersal. (220) The crumbling of the prewar social hierarchy, how-ever, had more long-range negative effects within the JC community as a whole. Once scattered in the climate of racism and social stigma, they began to inhabit the tension of a dual existence, at once maintaining some community ties that were the norm in BC, but consciously striving –

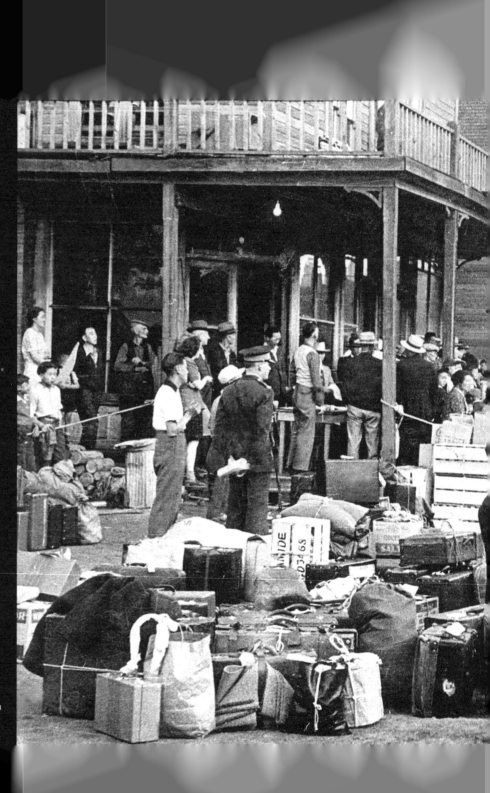

Notice
Reprinted courtesy of Roy Miki and Cassandra
Kobayashi, Justice in our Time: The Japanese
Canadian Redress Settlement, 1991

DEPARTMENT OF LABOUR

CANADA

NOTICE

TO ALL PERSONS
OF JAPANESE RACIAL ORIGIN

HAVING REFERENCE TO MAKING
APPLICATION FOR
VOLUNTARY REPATRIATION TO JAPAN

The Minister of Labour has been authorized by
the Government of Canada to make known the
following decisions made with respect to persons of
Japanese ancestry, now resident in Canada, who
make voluntary application to go to Japan after the
war, or sooner where this can be arranged:

1. The net proceeds realized from the disposition
   of their property, real and personal, in Canada,
   and standing to their credit at time of repatriation, will be secured to them and may be
   transferred by them to Japan upon repatriation
   following the close of the war.

2. In the case of persons sent to Japan under any
   agreement for exchange of Nationals between
   Canada and Japan before the close of war,
   under which agreement the amount of personal
   property and funds carried by the repatriates
   is limited, the Custodian of Enemy Alien
   Property will be authorized, on the advice of
   the Department of External Affairs, to provide
   such Japanese repatriates with receipts showing the property left behind in Canada, or net
   proceeds of same if sold, with a view to their
   being permitted to secure possession of their
   property or the net proceeds thereof after the
   end of hostilities.

3. Free passage will be guaranteed by the Canadian Government to all repatriates being sent to
   Japan, and all their dependents who accompany
   them, and including free transportation of such
   of their personal property as they may take
   with them.

The above assurances will apply to such persons
as have already made written application in satisfactory
form to the Government of Canada to go to Japan,
or who make written application hereafter for that
purpose to the Government of Canada within the
period of time fixed by the Commissioner of Japanese
Placement for the completion and filing of applications.

These assurances do not apply to persons of the
Japanese race repatriated on other than a voluntary
basis.

Dated at Ottawa this 13th day of February, 1945.

HUMPHREY MITCHELL
Minister of Labour.

education itself became the central vehicle to gain respectability and to regain economic stability. A university education was held up as a high goal for the Sansei, probably because so many Nisei were denied this possibility, either through racist barriers or through the disruption and poverty of the war years. The push to assimilate and the entry of the Sansei into the mainstream professions through university education are dramatically apparent in a recently published demographic report by Audrey Kobayashi, based upon the 1986 census.

In terms of education, for the age group from 25 to 44 (born 1942 to 1961, i.e., the Sansei generation), nearly 25 per cent have a university degree, as compared to the Canadian norm which is about 10 per cent. In the Nisei generation, the figures are significantly lower: about 11 per cent in the younger Nisei age group from 45-54 (born 1932-1941); to 6 per cent in the age group from 55-64 (born 1922-1931); right down to 3 per cent in the age group from 65-74 (born 1912-1921), the group which would have had Sansei children during the 1940s and 1950s (A. Kobayashi, 40). Since a university education provides a greater degree of social mobility, the assimilation led to a rapid increase in inter-marriage for the younger Nisei and the Sansei. Kobayashi confirms in her report what JCs have known by observation, that "marriages between Japanese Canadians and partners of other ethnicity now make up over 90 per cent of all marriages" (2). The striking point is that the Sansei intermarriage rate is directly contrary to that of their Nisei parents, and this inversion was, in large measure, the direct result of the government's policy of forced dispersal.

Beneath these abstract statistics, however, is an emotional and psychological profile that cannot be measured by mere statistical charts. The forced uprooting, the dispossession, the trauma of being branded "enemy alien," and the loss of basic freedoms – these assaults on the consciousness of JCs were manifest in two catch phrases that have become cliches in the community but which together help account for the double-bind situation that JCs could not resolve in the past and which led eventually to silence and acquiescence. One stock phrase was "shikata ga nai," which has a depth of emotional connotations for older JCs, but in literal terms it means "it can't be helped." As a philosophical saying, it offers a way of accepting problems and injustices as an inevitability, as products of a cosmic process which is much larger than individual human will. However, what may be seen as human wisdom (one's resignation to existence) in some belief systems can also be a symptom of a self-defence mechanism in victims. A deep

Intermarriage photo
Courtesy of Dr. Audrey Kobayashi

Intermarriage photo
Courtesy of Dr. Michiko Midge Ayukawa

"The difference between Sansei and Nisei is that Sansei tend to do whatever they believe in, regarding intermarriage; while in the past, Nisei would bow to parental and social pressure."

Excerpt from Seminar on Intermarriage, *Spirit of Redress: Japanese Canadians in Conference,* 1989, ed. Cassandra Kobayashi, Roy Miki

sense of powerlessness breeds helplessness, which in turn breeds acceptance as the only means of survival. The other stock phrase, this one in English was "blessing in disguise." Related to the internment, it was a way of rationalizing the injustices, by saying that the uprooting and dispersal broke up the insular community in BC and hastened the assimilation of JCs. In this perceptual frame, the hardships and the deprivation, as horrific as they were, made JCs struggle to rebuild their lives in scattered places across Canada, and in this process they were finally able to blend into and succeed in the society of the majority.

In a certain way, these phrases do explain the attitudes and perceptions by which JCs managed so rapidly to reconstruct their lives and become upwardly mobile in the postwar years – though of course for the vast majority of the elderly who lost all of their assets the decline was permanent. For those JCs young enough to fight back, though, adversity did appear to breed the will to survive and the determination to succeed in the same white society that had rejected and maligned them. That will was reinforced by the traditional value back to the hardships of the early postwar years called *gaman* or "endurance" which the Nisei had instilled in them by the Issei. As one JC aptly said, while thinking back to the hardships of the early postwar years: "instinct for survival became the topmost thing. To be accepted as equal, you had to work twice as hard, whether it was school or a job. To me, it was a constant struggle; you couldn't be average or slack off on your job. Your parents told you, don't take a minute more than your allocated coffee break. To me quitting time was 5:30. I used to envy people who could be on the elevator at 5:00" (Spirit of Redress 97).

However, again what appeared positive from one angle – in this case, the desire to prove oneself by sheer hard work – from a more negative angle disguised an internal denial that the injustices of internment had to be faced at some point. Indeed, for many JCs, the fact that the government had never acknowledged the injustices meant that their innocence had never been publicly declared, which in effect also meant that they were still assumed guilty. But guilty of what? The knowledge that they were free did not appease the inward feelings of guilt that they had somehow brought the wrath of Canadians upon themselves. In this sense, they had internalized the very policy that Prime Minister King had imposed upon them in August 1944. The underlying fear of racism and social discrimination ironically transformed them into model Canadians.

In the early 1980s, when the Redress issue first flared up in their community, mainstream JCs reacted in two contrary patterns, both of which can be traced back to the 1940s. There were those who joined the justice struggle as a long overdue resolve to right the wrongs; on the other hand, there were others who reacted with fear of "backlash" from the white Canadians. At one seniors' group meeting, for instance, many of the elderly believed that the government would retaliate by cutting off their old age pensions. Such

Confiscated fishing boats at Annieville Dyke, Fraser River, BC
Courtesy of Vancouver Public Library, 3190

"Despite government promises to the contrary, the Custodian of Enemy Alien Property sold the confiscated property.... Unlike prisoners of war or enemy nationals under the Geneva Convention, Japanese Canadians were forced to pay for their own internment."

Justice in our Time. Redress for Japanese Canadians. National Association of Japanese Canadians, 1988

that had come to dominate their lives. In the Greater Vancouver area in 1984, for instance, a series of "house meetings" was organized to reach those JCs who were not attending the public meetings either out of reluctance to be seen at a political gathering, or even from fear of recalling their wartime experiences. In the safer atmosphere of a private home, small groups of friends, relatives and neighbours could meet to share personal stories and views on redress. Many were emotional events as JCs who had kept the pain of internment hidden within themselves finally broke their own personal silence. There were cases in which Nisei in the presence of their Sansei children shared details of their lives never spoken of before. One child was shocked to learn that as a baby she had been incarcerated with her mother in the livestock barns at Hastings Park.

During the period from 1984 to 1986 more and more JCs began to tell their stories more openly. Newspaper articles and radio and TV programs flourished, and though we could never get enough individuals to talk to the media, enough did to make a significant difference. Alongside this community awakening, the NAJC undertook an educational program on the documents from the government's own files showing concretely that the military leaders of the day, and the RCMP, advised against the internment as a security measure. JCs learned through concrete proof that the uprooting was a political measure to appease racist politicians who took advantage of wartime crisis to attack the JC community. JCs were well aware of racism from their own personal experience, but the knowledge of the documents gave them the confidence they needed to join the Redress movement.

In the initial phase of the Redress movement, perhaps no other project demonstrated the growing consciousness of JCs than the Redress Brief, Democracy Betrayed: The Case for Redress, submitted to government on November 21, 1984. The brief, which was written by the NAJC Brief Committee during the spring and summer, incorporated relevant documents from the government's archives to argue the case for Redress. Here, finally, the NAJC could present the voices of JCs calling for justice from their own perspective, and in their own language. The brief was an act of empowerment and a liberation, but it was also the first public challenge to the government since the internment. While November 21, 1984, was only the beginning of the strenuous political campaign, a bridge between the past and the present had been constructed to enable the Redress movement to develop.

Nobuichi and Shizuyo Takeyasu hoeing sugar
beet field, c. 1943
Courtesy of George Takeyasu

"From the army point of view, I cannot see that
the Japanese Canadians constitute the
slightest menace to national security."

Major General Ken Stuart, 1940, in *Soldiers
and Politicans: The Memoirs of Lt. Gen.
Maurice A. Pope*, 1962

One issue that especially brought out the complexity of the internal conflicts was that of individual versas group compensation. Group compensation, of course, was the safer approach because it would not only require a smaller amount of total compensation, but it was also less threatening for JCs who wanted to avoid the fight for individual rights. This paradox of victimization came out clearly in a position paper on group compensation advanced by George mai when he was still chairperson of the NAJC National Redress Committee. Group compensation, he argued, is more appropriate because JCs were interned as a group. What this proposition obviously failed to recognize is that the violation of citizenship rights occurred precisely because JCs were treated on the basis of their racial ancestry, not as individuals. In this sense, group compensation by itself does nothing more than reinforce the initial injustice. The democratic position, and the approach adopted by the NAJC, is based on the violation of individual rights. However, the assertion of individual rights cut across the grain of JCs who had been conditioned to value assimilation and invisibility. The process of getting JCs to believe in themselves as individual Canadians was a complex task for the NAJC, particularly in the face of reactionary JCs who wanted to repress their individuality through group compensation. Only a grassroots campaign could accomplish that goal.

During 1985 and 1986 – during the frustrating meetings with government that were front page news to the public – the NAJC's work was directed towards community meetings on Redress to evolve a representative position for negotiations with the government. Concurrently, they sought to quantify the wartime losses by commissioning the prestigious accounting firm of Price Waterhouse to undertake a study of economic losses, using the massive files in the Custodian of Enemy Alien Property. Price Waterhouse researchers worked through the fall of 1985 and completed their work in May 1986, the same time that the NAJC had distributed a questionnaire in the JC community to form a settlement proposal. The Price Waterhouse study, revealing an economic losses figure of $443 million for property and income alone (1), coincided – by accident, but very effectively – with the community survey which endorsed a comprehensive Redress settlement, including both individual and community compensation. The two accomplishments, together, provided a positive self-image for JCs. On the one hand, they had produced an economic losses study that placed before the public, in clear accounting terms, the substantial material losses resulting

ECONOMIC LOSSES

The Price Waterhouse Study

Some months ago, Price Waterhouse Associates undertook a study of economic losses using documents and files in the Custodian's archives in Ottawa. In their 1986 report they concluded that from 1941 until 1949, Japanese Canadians lost not less than $333 million (1986 dollars) in income and $110 million in property, and suggested that the community's potential for economic growth had also been damaged.

Summary of Losses in 1986 dollars (from the study by Price Waterhouse, *Economic Losses of Japanese Canadians after 1941*)

Income loss	$333,040,000
Fraser Valley farmland	49,314,000
Other real property	40,986,000
Fishing assets	10,350,000
Businesses	7,627,000
Other property	10,341,000
Education: Fees paid	1,380,000
Other losses	1,141,000
Less: Awards made by Bird Commission	(11,040,000)
TOTAL =	$443,139,000

The Inadequacy of the Bird Commission

A federal commission headed by Mr. Justice Henry Bird was set up after the war to provide compensation for the property losses suffered by Japanese Canadians during the years of uprooting. The Commission's terms of reference were kept narrow by the Federal Government to avoid embarrassment. Only losses resulting from the sale of property by the Custodian of Enemy Alien Property at less than fair market value were considered.

The Commission had no right to question the policies responsible for the dispossession. Loss of income and opportunity were not considered, nor were the emotional suffering caused by the uprooting, the betrayal of citizenship rights and the government's broken promises regarding the safekeeping of properties entrusted to the Custodian.

The Bird Commission awarded a total of only $1.2 million to Japanese Canadians. In contrast, the U.S. government, which did not liquidate the property of interned Japanese Americans, awarded $37 million in postwar claims.

The Immeasurable Losses

Of course, the intangible losses are incalculable. It is extremely difficult to assess in economic terms the damage to an unjustly shattered community. Thousands of citizens and their descendants lost opportunities for employment and education, and have suffered immeasurable shame and grief at having their families torn apart, their citizenship denied, and their dignity undermined.

Strategizing for Redress, Winnipeg, 1984
Courtesy of Charles Kadota

"The Price Waterhouse study…coincided—
by accident, but very effectively—with
the community survey which endorsed a
comprehensive Redress settlement, including
both individual and community
compensation."

preventative measures for the future protection of human rights. Within the perspective of JCs, the second and most important phase of the Redress movement was completed.

Despite the negative response by the Minister of Multiculturalism, Otto Jelinek, the NAJC had successfully articulated a position that reflected the community's position – and fortunately the media supported them. From May 1986 to the settlement day, September 22, 1988, the final two years of the campaign, the NAJC could turn more directly to the political sphere to strengthen its lobbying position with the government. Otto Jelinek was replaced by David Crombie who would stall on the issue for another year before he rejected individual compensation. Crombie in turn was replaced by the current Minister of Multiculturalism, Gerry Weiner. The political struggle was relentless, given our meagre resources and the fact that everything was done on volunteer time. There were many moments when the tension became nearly unbearable – moments when the NAJC was pressured, both from within and without, to compromise its stance on individual compensation.

By the end of 1987, and during the spring of 1988, after failing to resolve the issue with three Ministers of Multiculturalism, when in fact it seemed as if we would have to begin working towards the next election, the NAJC campaign unexpectedly gathered momentum. The National Coalition for JC Redress, conceived as a means of unifying support from Canadians, expanded rapidly as numerous prominent individuals, ethnic organizations, labour unions, civil rights and church organizations came to defend the NAJCs call for a negotiated settlement. The widespread endorsation of the NAJC, reinforced at a series of public rallies across Canada, was a clear sign that mainstream Canadians favoured a "just and honourable" settlement for JCs. This final phase of the Redress campaign, as it turned out, culminated at a high-pitched rally on Parliament Hill, April 14, 1988. Over 500 JCs, the vast majority of whom were senior citizens interned during the 1940s, marched on Ottawa carrying placards and demanding justice. The once acquiescent JCs were finally exercising their democratic right to protest, and they were doing it right on the doorstep of the government. The rally reflected the JC community's growing political awareness, and even if the government failed to resolve the issue, they had at least succeeded in telling their story.

Meanwhile, in the US, the Japanese American Redress movement finally entered its final political phase when, in September 1987, the House of Representatives passed a Redress bill awarding $20,000 to each individual Japanese

Ottawa Rally for Redress, April 14, 1988.
WWII Vets for Redress
Photograph: John Flanders

"I have been to BC many times and each time I have enjoyed my visit. But I do not wish to live in BC… British Columbia crushed our spirit…"

Roger Obata, nisei Second World War veteran, quoted in Roy Ito, *Stories of My People*, 1994

Redress movement. The finer details will be incorporated into a book-length study I have planned. To conclude, however, let me return to the awakening that not only made the settlement possible, but inevitable. While dispersal could not be undone, the NAJC managed to counteract its effect by transforming from a weakly structured organization into an effective vehicle to represent JCs. The "shikata ga nai" and "blessing in disguise" frame of mind slowly dissipated and lost its hold as JCs began to realize that they could shape public opinion through a strong educational campaign. They had gone from the Redress brief's title Democracy Betrayed, in November 1984, to Justice in Our Time, the title of the last pamphlet in the campaign, in March 1988. That bridge was crossed, and the past was forever altered.

As a footnote to this talk, I would like to share with you the results of a poll conducted by Environics for the Laurier Institute in Vancouver. In one part of the poll, Canadians were asked to respond to JC Redress. Significantly, over 72 per cent had heard about the government's plan to compensate JCs; in BC, the figure was 91 per cent. When asked if they approved of the government's acknowledgement, 76 per cent said yes. As for the compensation package, 52 per cent approved, 34 per cent disapproved. Interestingly, when asked for reasons why they disapproved, only 21 per cent answered that the amount was too generous and only 12 per cent said JCs didn't deserve compensation; however, 13 per cent said the figure was not generous enough, and a further 19 per cent said that others who were victims of injustices should be compensated. It appears that JC Redress received widespread news coverage and that, on the whole, it has been accepted by Canadians.

Roy Miki
Canadian Ethnic Studies Association Panel on Redress, with Roger Daniels and Ann Sunahara
Calgary, October 17, 1989

Toronto ad hoc Committee for Japanese Canadian
Redress, The Globe and Mail, March 6, 1986
"In 1942 Canada Sent a Lot of Kids to Camp"

"For me, the high point in the redress
movement came at the Redress Forum in
Ottawa, in April 1988. The National Coalition
for Japanese Canadian Redress, a powerful
group of individuals and organizations from all
over Canada was represented there, and was
joined by hundreds of Japanese Canadian
seniors from all over Canada."

Art Miki, NAJC President, quoted in Justice in
Our Time: The Japanese Canadian Redress
Settlement, 1991

Work Cited

King, William Lyon Mackenzie.

Debates, House of Commons, 4 August 1944.

Kitagawa, Muriel.

This Is My Own: Letters to Wes and Other Writings on Japanese Canadians, 1941-1949. Ed. Roy Miki. Vancouver: Talonbooks, 1985.

Kobayashi, Cassandra, and Roy Miki, eds.

Spirit of Redress: Japanese Canadians in Conference. Vancouver: JC Publications, 1989.

Kobayashi, Audrey.

A Demographic Profile of Japanese Canadians and Social Implications for the Future. Ottawa: Department of the Secretary of State, 1989.

Kogawa, Joy.

Obasan. Toronto: Penguin, 1983. National Redress Committee. National Association of Japanese Canadians.

[Position Paper on Compensation]. Presented by George Imai. National Conference, Winnipeg, January 1984.

National Association of Japanese Canadians.

Democracy Betrayed: The Case for Redress. Winnipeg, NAJC, 1984.

National Association of Japanese Canadians.

Economic Losses of Japanese Canadians After 1941: A Study Conducted by Price Waterhouse. Winnipeg, NAJC, 1985.

Sunahara, Ann.

The Politics of Racism: The Uprooting of Japanese Canadians During the Second World War. Toronto: Lorimer, 1981.

半世紀の暗雲晴れて日系史上
最良の日を迎え歓喜にたへず

公式謝罪と補償金
支払いを感謝して祝頌一

雨情

Our dark cloud of a half century dissipated,
The fairest day
In Japanese-Canadian history
Dawns.
Our joy is unsurpassable.

September 22, 1988

Tanka by Ujo Nakano Translated by Leatrice Nakano Willson

"I remember, you remember,
she remembers, he remembers,
they remember too, yes they do:"

Eyes lit up with stories in back
so long interned in barbed tongues
spoken out in those words on
words on words on track
in the dusk's light of departure
"See you, don't forget to write to us."
—
We say what's left to remember it all
each year this day
Until all's said in the tale of betrayal
of silence & reclamation
Yes we say to
reclaim's to
retain—Not the
past of redress then
but as recurrence
in the heart's beat

For the sake of the story
in these our telling times

Excerpts from *On this Third Anniversary of the Redress Settlement*,
September 22 1991, by Roy Miki

"It's a day of celebration but I feel very sad for
the seniors who never lived to see this day."

Naomi Shikaze, September 23, 1988

This paper focuses on the roles of postwar immigrants who participated in the formation of the postwar Vancouver Japanese Canadian (Nikkei) community. It is presented in a form of life writing and/or autoethnography since I, the writer, myself have grown into a status of Nikkei woman from a visiting student and a Japanese citizen adapting to Canadian culture. It is based on my research and my own life experiences as a *Shin-Issei*, a postwar immigrant of early to middle adulthood, from a single woman to a married woman to a wife and a mother. My involvement with the Vancouver Nikkei community began with my dissertation research on a study of the acculturation process of Japanese Canadian women, that is pre- and postwar Issei women in the mid 1970s (Shibata 1979, 1980).

The 1970s was a period of diversification and revitalization for the Nikkei community in Vancouver resulting from Canada's immigration policy change a decade earlier and from Japan's rapid rise to Japan's prominent position in the world economy. Literature on the Nikkei experience has grown remarkably since the 1977 Centennial Celebration which encouraged the forging of a positive Japanese Canadian identity. The gaining momentum for the redress movements that culminated in the fall of 1988 also contributed to this. However, studies of the Japanese Canadians have mostly been on the first, second, and third generations of the prewar immigrants and their descendants, *Issei, Nisei,* and *Sansei*. There are very few studies on the postwar immigrants. The postwar population is often excluded from the study of Japanese Canadians. We really do not exist in the history of the Japanese Canadians.

In the entry on the Japanese in the *Encyclopedia of Canada's Peoples* (Paul R. Magocsi, ed., 1999, pp. 842-860) under the subtitle of Migration, we can merely find the postwar immigration figures and a brief description of the postwar immigrant group. Despite a well grounded writing on the history of Japanese in Canada the writers, a Nisei historian and her coauthor, failed to see how "we" the postwar immigrants contributed to the centennial celebration. For instance, despite the pivotal role of postwar immigrants in assembling the photo exhibition of *A Dream of Riches* and the trilingual book that came out of it, all credit was attributed to a Sansei photographer:

Tamio Wakayama is a talented photographer with several publications to his credit. Two of his books, A Dream of Riches (1977 sic) and Kikyo (1992), deal with the Japanese-Canadian experience. (Adakawa and Roy

Hamako Watanabe entertaining senior citizens at
Tonari Gumi, c. 1976
Courtesy of Noriko Horita Okusa

"Let us break this self-damaging silence and own our history."

Excerpt from *A Dream of Riches:*
The Japanese Canadians: 1877–1977, 1978

Here a Sansei writer also writes "... Dream of Riches [sic] written, edited and organized by Tamio Wakayama" (Watada 1999). I acknowledge Tamio Wakayama's artistic talent as a photographer who worked as a coordinator for the project. However, the book does not bear only his name because it was a group effort by the Japanese Canadian Centennial Project and was produced by both prewar (Issei, Nisei, Kika-Nisei, Sansei) and postwar immigrants (Shin-Issei).

The Japanese Canadian Centennial Project (JCCP) was an organization where our cultural sharing took place and it involved JCCP members, numerous volunteers, and many others who supported the project despite the cold reception we received from the Vancouver Nikkei community at that time in the mid 1970s. Despite our differences in age, generation and nationality, the JCCP members instigated the movement of cultural sharing in the Nikkei community to open up a new page of our history by celebrating the Japanese Canadian Centennial. It is rarely mentioned that Shin-Issei have taken a crucial role in this project, a project that affected the course of recent Japanese Canadian history. I believe it is time to claim our participation in the recent history of Japanese Canadians and also to identify with the Japanese Canadian community in Vancouver.

In his speech at the 10th Anniversary Redress banquet in Vancouver on September 18, 1998, the then President of National Association of Japanese Canadians, Randy Enomoto, a former member of the JCCP who had played an important role in the redress movement in the 1980s, revealed his thoughts on events which occurred in 1975 when Michiko Sakata, Shin-Issei, called together a group of Japanese Canadians and eventually led the formation of the JCCP. Reflecting on this recent past, Enomoto realized it was the time when he, a Sansei, began to see his personal history and the Japanese Canadian history in a different light. His newly acquired perspective was stimulated by the people who were born outside of Canada – Shin-Issei. He said:

For the first time, I was exposed to persons of Japanese descent who were unencumbered with the shame of the internment and who had lived their lives in a straightforward manner, without the doubts of internalized racism. In personal terms, I moved from an inward dwelling person to one who began to seize power in the external world...

... the redress movement began with Muriel Kitagawa's protests to the Custodian of Enemy Alien Property in the 1940s, but I credit the outside influence of the Shin-Issei or Ijusha for kick-starting dormant Sansei like myself in the Vancouver area in the 1970s. (JCCA Bulletin, October 1998:8)

The postwar immigrants' involvement in the Nikkei community is not well documented due to the group members' ambivalent feeling toward their own identity and an absence of their voice in the English language. The majority

幾多先人の偉業を顕彰するとともに
新たな国際化時代にふさわしい地域の実現を
めざし、ここに記念碑を建立して永く
その志を継承せんとするものである。

一九八八年一〇月二三日

美浜町カナダ移住百周年
記念事業実行委員会

カナダ移住百年を迎えて

わが国におけるカナダ移住の発展は一八八年
当地の先覚者工野儀兵衛翁の渡加に始まる。
以来百年を経て現在の日系市民は四万余を
数え当地出身者の人口は五千に及ぶ。
移民草創の時代よりあらゆる辛苦に耐えて

"Inheritance is the language which nourishes
us everyday, those things which our bodies
know without translation."

Gerry Shikatani, "Follow the River," *Colour An
Issue*, ed. Roy Miki, Fred Wah

or postwar immigrants neither identify themselves as "Japanese" nor "Japanese Canadians." However, this has been gradually changing (Shibata 1998). In the late 1960s and the early 1970s, for Shin-Issei it was time when many of them were facing challenges in a new environment. Some had difficulty looking for work or were struggling with their new jobs. Some were young parents who were barely managing to survive with their young families. Some were feeling alienated from their children who were quickly learning Canadian ways, the language and culture of a world which was still foreign to them. During this process over a few decades through different life stages in their adopted home, Shin-Issei were gradually acquiring a set of new cultural values and patterns in order to cope with life in Canada.

The postwar immigrant population now makes up one fourth of the Japanese Canadian population as indicated in the 1986 census. Moreover, many postwar immigrants have been living in Canada for over three decades and they now are approaching their late middle to old age in their life cycle. Their sense of identity has changed over time – they are becoming one of the essential groups in the Vancouver Nikkei community. For this reason, it is important to comprehend the relationship between the pre- and postwar groups that has affected the contemporary Japanese Canadian identity, the creation of the Japanese Canadian culture and the community that is still in the making. In order to understand this process, we need knowledge and understanding of each subgroup in the Japanese Canadian community that is structured by a complex network of socially constructed categories based on age, generation, gender, economic status, language competence (English and Japanese), prestige, and authority in relation to others in contemporary Japan and Canada.

I shall define cultural sharing as the process of the reciprocal relationship between the inner experience of individuals and the environment surrounding them following Olesen and Whittaker (1968) within Alfred Schutz's concept of intersubjective world (1962:312-18). Cultural sharing is not limited to the overt cultural elements (Linton 1936; Swartz 1982) since it also includes covert factors, emotive aspects and feelings. It is the process of becoming a Japanese Canadian and dealing with problems of cross-cultural and intra-cultural conflicts through which individuals interpret, react, adapt, and then share with the people they encounter while in this process. It is also a process of cultural transmission. *A Dream of Riches* assembled by the Japanese Canadian Centennial Project, a group of first, second, and third generation Japanese Canadians (pre- and postwar), is a good example of the cultural sharing that connected the individual and the collective, the specific and the universal, the Japanese Canadian to other ethnic groups as well as the main stream Canadian society. It also involved links with the Japanese in Japan since in 1977, the year of the JC centennial celebration, the Japanese version of the exhibition travelled to various

Katari Taiko
Lynda Nakashima photograph

"…what I'm missing is a connection between what I look like and what I am…what I miss and want to recreate is the richness of community that was lost in the struggle for acceptance."

Vancouver sansei, in Dreams of Riches: The Japanese Canadians: 1877-1977, 1978

cities in Japan while the English version travelled in Canada.

To illustrate the diversities within the Japanese Canadian community in the mid 1970s, I shall take you to the opening night of *A Dream of Riches: The Japanese Canadians: 1877 - 1977* at the Vancouver Centennial Planetarium in June 14, 1976. The photo exhibition was assembled by the JCCP, of which I was a member. The exhibition was held prior to the actual celebration year to generate interest in Japanese communities across Canada in preparation for the real celebrations in 1977.[2] I still remember clearly the scene at the opening night. Among the guests of honour on the opening night were community dignitaries, media people, Nisei, Sansei, and Shin-Issei from the community. There was a bus load of Issei who had supported and encouraged us throughout the project: they had shared their experiences, photos, and memoirs. After the ceremony, people rushed into the exhibition room. I was surprised to see the Issei's delighted faces nostalgically talking with their friends about the painful experiences of their past. I remember Mrs. M., who shared her life history with me in my earlier fieldwork, standing with her friends in front of the picture of a young girl in *kimono*.

Do you remember that pretty girl? I wonder where she is now. By now she must be a mother of a few children and is probably living comfortably somewhere in Canada. I wouldn't recognize her if I meet her on the street now... Indeed it has been a long time.

Like Mrs. M., many Issei were in front of the pictures sharing memories with their friends. It was a reunion. It seems that they had accepted philosophically their hardships and struggles in Canada as a part of their lives' course. I remember listening to their conversations, feeling happy that we had created an official and legitimate opportunity where they could talk, share, and feel their past with pride. However, this feeling did not last too long. A Nisei came to me and expressed his concern that the exhibition did not portray the successful story of the Japanese Canadians. "See, you people did not put any of our famous Nisei in the exhibition...This is not the Japanese Canadian history!" This was followed by more comments from the Sansei and Shin-Issei also reflecting dissatisfaction with the exhibition. According to them, we did not make *any* statement on the wrong doing of the government during World War II. "Why did you people not spell out the injustice that the Canadian Government did to us! You people are *too soft*..." [3]

The exhibition and its criticisms were a good example of the complexity of identity construction among Japanese Canadians. To understand this complexity we needed a reflexive historical awareness. The Issei for the most part were accepting the past; they were grateful that they had survived and now had the opportunity to be a part of this celebration. Some of the Nisei had wanted to forget their memories of the past; they had not shared their experiences with their children, the Sansei. Some of the Sansei

Naoko Matsubara exhibition invitation card
Courtesy of Grace Eiko Thomson

The Powell Street Review, Toronto,
vol. 1, no. 1, 1972
JCNM Collection

Cover of Nisei Affairs, Japanese Canadian
Committee for Democracy, 1947
JCNM 92/209.09 Winnifred J. Awmack Collection

"… i remember the RCMP fingerprinting me
i was 15 and lofting hay that cold winter day
what did i know about treason?
i learned to speak a good textbook English
i seldom spoke anythng else
i never saw the 'yellow peril' in myself
(Mackenzie King did)."

Roy Kiyooka, excerpt from *Pacific Windows.
Collected Poems of Roy K. Kiyooka*, ed. Roy
Miki, 1997

socializing the past into narratives and other embodiments of historical consciousness that have significance in contemporary circumstances. (1992: 812)

We need to remember that behind the various reactions to the exhibition is the complex identity construction among the Japanese Canadians who are often taken as a homogeneous group not only by outsiders but also among ourselves.

The opening night of the exhibition also reminded me of the time the members of the Japanese Canadian Centennial Project argued many hours about the history of Japanese Canadians and discussed how to assemble the history to reflect "our" past. For some of us, it was the first opportunity to discover our parents' and grandparents' past, and to work with other Japanese Canadians. For others, it was a history of bitter memories of youth, young adulthood, and middle age. And for some (myself included) who were newcomers to Canada, it was a process of creating a new history. Tamio Wakayama described the experience:

We were an odd assortment – most of us strangers – new immigrants and a smattering of second and third generation of Japanese Canadians. I suspect the Canadian-born shared my feeling of unease in the presence of so many Japanese. Growing up in a racist world, we had long ago rejected each other. Yet something remained, for here we were making a decision that would affect our lives profoundly. We organized ourselves under the unwieldy title, The Japanese Canadian Centennial Project. The work quickly intensified and our members grew. Throughout it all the Shin Issei, with their unassuming pride and quiet sense of themselves as Japanese, were a bridge that led us from that nagging sense of ourselves as the other, the gap, the lesser being, to the awareness we share today. For myself, the process was a revelation and a turning. (The Japanese Canadian Centennial Project 1978: 4)

The JCCP was a good example of the cultural sharing. Here Robert Davidson, a Haida artist, describes how he had acquired his culture and tradition simply "… by helping the elders, I was making a bond… Tradition is in cultural events."[5] Indeed cultural sharing is a bond which connects us to the elders and the young in the Nikkei community. Cultural sharing of past as a well presented example is playing a major part in Japanese Canadian identity construction. Tonari Gumi, the Japanese Community Volunteers' Association, is a place where this bond has been nurturing since its insemination in 1973 in response

"The fact that at a time when the Nuremburg
Trials were shocking the world into outrage
when the United Nations was re-mapping the
landscape of human rights and Canadian
representatives were in the forefront of this
international moral reconstruction, Canadian
citizens could be deported from their own
country and their treatment legitimized in the
courts, shows what a gap can exist between
principle and practice."

Audrey Kobayashi, Ph.D., "Racism and Law
in Canada: A Geographical Perspective,"
Urban Geography, 1990

the growing need of Japanese Canadian senior citizens who lived around the Japantown area in the 1970s.[6] It is still the place where different generations of Nikkei community members have been working together as staff and volunteers offering social services for the changing needs of the community (Adachi, R. 1985). A friend of mine, a Nisei woman, told me how she felt at home talking with Issei in Vancouver after she moved from Toronto to Vancouver with her family in the late 1960s and eventually was drawn to Tonari Gumi:

It was just like in old days. I was talking with my mother's generation. It was a mix of Japanese and English, and some nodding, you know. All these years I did not know that I had this in me and it surprised me.

The above narrative clearly indicates that Tonari Gumi was the place where cultural sharing among the Japanese Canadians was taking place by evoking and eliciting a Nisei woman's personal history. It was the place where Japanese Canadian communication – "socially marked experiences" – was taking place (Bourdieu 1994).

At Tonari Gumi we, the JCCP, received warm support and with this we were able to generate our membership and volunteers beyond Japantown to a larger community. During and following the Japanese Canadian Centennial Celebration, that was a place where the future of the Nikkei community was discussed and many meetings took place. It was a midwife for Powell Street Festival Society, Katari Taiko, and the Japanese Immigrants' Association. In the 1980s, it was the place where Takeo Yamashiro (a devoted staff since 1973 and the present executive director of Tonari Gumi)[7] and Tatsuo Kage along with other postwar immigrants and bilingual Sansei explained the meaning and purpose of redress in Japanese to the Issei members and then translated their voices into English for non-Japanese speakers. And it was the place where many meetings debated our future directions during the post-redress years in the 1990s.

For me, Tonari Gumi was the place where I learned to listen to and to help Nikkei elders. Sometimes I was their substitute granddaughter or daughter who listened to their life stories. Sometimes I was a Japanese woman who satisfied much of their curiosity about Japan and myself, a graduate student who was in her late twenties and still single. Their vivid memories of the past poured out whenever I talked to them. It often began:

You young people won't believe us, when we came to America [8]... and ending with *I am a widow living alone. So if something happens, please take care of me.*

Their contextualized descriptions of their life histories taught me how they had gathered confidence, built a strong capacity for self-direction, and an admirable ability to accommodate to their life situations by viewing life objectively. Their narratives indicated that dislocation is not victimization. They accepted responsibility for their lives.

"The sound policy and the best policy for the Japanese Canadians themselves is to distribute their numbers as widely as possible throughout the country where they will not create feelings of racial hostilty."

Prime Minister Mackenzie King, Debates, House of Commons, August 4, 1944

Indeed Tonari Gumi is a social institution in Vancouver Nikkei community. It is a site where collaboration and cultural sharing among different generations and non-Nikkei have been taking place on a daily basis. At Tonari Gumi our diversity became our strength. There, directly and indirectly, the aging Issei and Nisei, Sansei, Shin-Issei and their children learn from each other by actively structuring their experiences of becoming Japanese Canadian.

In closing, I would like to share with you a statement of the last panel from the exhibition *A Dream of Riches: The Japanese Canadians: 1877-1977* mentioned earlier. This is the group statement after many hours of agony that the Japanese Canadian Centennial Project members agreed upon. I believe this statement penned by Randy Enomoto, Roy Miki, and Linda Uyehara Hoffman still conveys the spirit of the 1977 Japanese Canadian Centennial Celebration and its historical effect on our future as members of the Nikkei community.

...in tracing the journey of our people through time, in going back to our roots, we find ourselves made whole, replenished in spirit. We return from the journey deeply proud of our people, of their contribution to this country. Let us also examine ourselves. Having gained our freedom and established our respectability, we must not lose sight of our own experience of hatred and fear. Too often we have heard 'damn jew,' and 'lazy Indian' from those who were once called 'dirty Japs.' The struggle of the generations and the meaning of the war years is completely betrayed if we are to go over to the side of the racist. Let us honour our history and our Centennial by supporting the new immigrants and other minorities who now travel the road our people once travelled. (Japanese Canadian Centennial Project 1978:170)

Yuko Shibata
**Nikkei Experience in the Pacific Northwest,
University of Washington, Seattle, May 5 - 7, 2000**

Cited References

Adachi, R.

1985. Services to Japanese Canadians: An Analysis of the files of Tonari Gumi, the Japanese Community Volunteers Association. Unpublished research study paper submitted to Social Work 553 under Dr. Richard C. Nann, April.

Ayukawa, M. and P. Roy.

1999. Japanese. In P. R. Magocsi (ed.), *Encyclopedia of Canada's Peoples*, pp. 842-860. Toronto: University of Toronto Press.

Boudieu, P.

1994. *Language and Symbolic Power*. Cambridge, MA: Harvard University Press.

Hill, J. C.

1992. Contested Past and the Practice of Anthropology. *American Anthropologist* 94: 809-815.

Japanese Canadian Centennial Project.

1978. *A Dream of Riches: The Japanese Canadians 1877-1977*. Toronto: Gilchrist Wright.

Linton, R.

1936. *The Study of Man*. New York: Appleton-Century-Crofts.

Magocsi, P. R. ed.

1999. *Encyclopedia of Canada's Peoples*. Toronto: University of Toronto Press.

Olesen, V. L. and E. W. Whittaker.

1968. *The Silent Dialogue: A Study in the Social Psychology of Professional Socialization*. San Francisco: Jossey-Bass Inc.

Schutz, A.

1962. *The Problem of Social Reality*. The Hague: Martinus Nijhoff.

Shibata, Y.

1979. Issei Women and Their Experience in Canada. In *Inalienable Rice: A Chinese and Japanese Anthology*, pp.13-16. Vancouver: Powell Street Revue and the Chinese Writers Workshop.

1980. Coping with Values in Conflict: Japanese Women in Canada. In *Visible Minorities and Multiculturalism: Asians in Canada*, K.V. Ujimoto and G. Hirabayashi, pp.257- 276. Toronto: Butterworth.

1998. Shifting Japanese Canadian Identities: From the Life Narratives of Japanese Canadian Women. In *Asia-Pacific and Canada: Images and Perspectives, A Collection of Essays Read at the Asia-Pacific Conference on Canadian Studies*, the Japanese Association for Canadian Studies, pp. 87-104.

Swartz, M.J.

1982. Cultural Sharing and Cultural Theory: Some Findings of a Five-Society Study. *American Anthropologist* 84: 314-338.

Watada, T.

1999. To go for broke: the spirit of the 70s. *Canadian Literature* 163, winter: 80-91.

1 This paper is based on a paper presented at the Nikkei Experience in the Pacific Northwest at the University of Washington, Seattle, May 5 - 7, 2000. I am indebted for the editorial help of Dr. E. Patricia Tsurumi who moderated our session: Postwar Japanese-Canadian Identity, and for the encouragement from my co-presenters, Dr. Midge Ayukawa and Dr. Karen Kobayashi.

2 Another reason was that we wanted to attract Japanese media while they were in Vancouver for Habitat'76.

3 All these comments were from Japanese Canadian men. Were women too polite or too shy to comment on the exhibition?

4 There is still unfinished business,and surprises in store for us that are associated with the memories and facts of World War II. Many countries (eg. Japan, Germany, and now Switzerland) and individuals are still searching for new national identities. Generational factors bring different aspects in this process. (Erlanger, Steven. "World War II's Unfinished Business" in *The New York Times*, Sunday, February 16, 1997, p. 14E).

5 Symposium: the Legacy of Bill Reid - a Critical Inquiry, November 13-14, 1999. UBC.

6 See Sakata, Michiko 1977. "Tonari Gumi." *Rikka*, summer, 1977, vol. 4, no. 2: 4-11 for more detail.

7 See Chugoku Shinbunsha 1992. *Imin*, pp. 143-146 for more detail.

8 *Amerika*: America was the term used for Canada at that time. Many people did not distinguish between the two countries, the United States and the Dominion of Canada.

「 運動が始まったとき、日系社会の指導者たちはこの補償問題がカナダ人全体に関係する民主主義の原則と人権の問題であると力強く主張した。この点こそが日系カナダ人に対する補償を支持する先住民族や多くの少数民族をはじめとするあらゆる階層のカナダ人の良心、心の琴線に触れたのである。こうして日系カナダ人は社会的、政治的な不正や人権の侵害に対して警戒心を持ち続けるという特別な責任を負うことになったのである。」

鹿毛達雄、『日系のこえ』、2000年2月号

Working in the garden, Lemon Creek, BC, 1943
JCNM 96/182 1.001, Fumiko Ezaki Collection

白人の州、ブリティシュ・コロンビアの負の遺産

鮎川ミッジ道子

1942年の西部沿岸からの日系カナダ人の追放、その財産の没収、4000人の日本への「帰国」、1949年まで続いたブリティシュ・コロンビアへの帰還禁止などは、現在、多くの人々にとって理解しがたいものかもしれない。しかし、このような一連の出来事は「白人の州」ブリティシュ・コロンビアに定着していた「同化しようとしない」アジア系住民にたいする長年の憤慨と憎悪が頂点に達したものだったのである。

パトリシア・ロイはブリティシュ・コロンビアの過去を手広く研究している歴史家で、「白人の州」という表現を使っている。同氏はブリティシュ・コロンビア住民のアジア系の人々に対する反感が1858年に、ブリティシュ・コロンビア植民地が作られ、フレーザー河のゴールドラッシュに刺激されて中国系の男達が大勢ブリティシュ・コロンビアに押しかけてきた時に始まっていると論じている。アジア人に対する白人優位というイギリス植民地主義的な姿勢はまもなく経済的な対立と分かちがたく結びつくことになった。すなわち、資本家達が最大の利潤を追求して、アジア系住民を白人労働者より低い賃金で雇ったために人種的反感を促進させる結果になったからである。労働者の確保、賃金、宿泊施設などに関する交渉や手配は日本人のボス達によって行われた。彼らは通例、進取の気性があり、意思疎通が可能な程度の英語力がある人物で、同県人の新移民を募集して世話をした。このような請負人のなかには、ほかにつてがなく、新しい土地で生き延びていくことが難しい新来の同県人に貴重なサービスを提供した人達がいたに違いない。このような「恩恵を施す人」の多くは私利私欲にとらわれない世話好きな人物だったが、他方で、後日提供するサービス、すなわち労働飯場に食料や日用品を供給することで多額の利益を得るという非良心的で抜け目がない人物もいた。雇用や必要品の供給に関するこのような制度は西部沿岸地域に外部から隔離された日本人だけからなる森林伐採、製材、漁業のキャンプの成立をもたらした。そこで日本人の存在が目立ったものとなり、ブリティシュ・コロンビアの白人達の恐れを増大させる結果となった。

白人達の恨みつらみの高まりは、1907年9月のバンクーバー暴動に見られる。暴徒が中華街や日本人町のパウエル街を襲撃するという事件が起ったのである。1908年、日加間に紳士協定が結ばれ、それによって日本人渡航者は年間400人に制限されることになった。この制限が原因となって、妻の呼び寄せや出稼ぎから定住へという日系移民の生活の変化をもたらすことになる。隔離された地域社会がかつての労働キャンプの周辺に形成された。そこでは白人社会との接触はほとんどなく、日本語や日本の習慣が衰えることなく維持され、アジア人は同化不可能という白人の考え方の補強材料となった。

白人労働者は賃金や就職口が危険にさらされていると感じていたが、日本人労働者は賃金の格差に不満を抱いていた。だがしかし、日本人は労働組合への参加を認められなかった。1920年に日本からきた理想主義的なジャーナリスト鈴木悦の指導で活動家たちは日本人労働組合を組織し

た。日本人労働者は低賃金という不公平に不満を抱いていたものの、保護者であるボスと仲間のグループとの間にあって忠誠心の板ばさみ状態にあり、日系人社会のなかに対立が生じた。商人達はボスに同調、コミュニティの分裂が激化した。日本人労働組合は1927年8月にいたってようやく、「日本人キャンプ.ミル労働組合（ローカル31）」として公認された。これは小さな一歩前進だったが、日本人労働者は依然として白人労働組合には参加できなかった。

多くの日系移民の男達は市民権を取得して漁業を営み、フレーザー河口、北部沿岸に並立していた多数の鮭缶詰工場に漁獲を供給していた。漁業に従事する日本人が増えるにつれて白人や先住民の漁民の反感が増大、世論の圧力に迎合する政府は日系漁民への漁業免許数を削減した。多くの日系移民は漁業で収入を得て土地や農場を取得する夢を実現した。漁業を続けながら、後日農業に転じる者もあった。多くの人々はフレーザー・バレーに未開墾の土地を取得、オカナガン・バレーに進出する人々もあった。

農業の分野でも日系移民にたいする人種偏見、排斥が強まった。合衆国沿岸諸州と同様な外国人土地法を立法するようブリティシュ・コロンビア州政府に要請する運動が起こった。アメリカの法律は「市民権取得の資格がない外国人」による農地の所有や3年以上の借地を禁じていた。その後の法律改定によって、現地生まれの未成年者による借地や土地所有が全面的に禁止された。日系カナダ人社会の先見の明がある二三の人々の指導の下に、白人農民も参加した苺協同組合が設立され、これによってこの種の土地にかんする立法は避けられたのである。

しかしながら、人種差別は引き続きその醜い頭を擡げ、有権者を喜ばせようと政治家達はアジア系住民の公民権を否定する法律を繰り返し成立させていた。日本領事館は1902年、1905年の日英同盟を引き合いに出して二、三の法律の撤廃に成功したが、多くの法的制限は維持されつづけた。最も厄介なものは選挙権の否定であった。それによって日系カナダ人は人種差別を政治綱領に掲げる無節操な政治家達から攻撃されやすかったし、カナダ生まれの日系人は法律家、薬剤師、会計士など多くの専門職業からも締め出されていたのである。

日系カナダ人は事態を改善するために数々の努力を怠らなかった。第一次世界大戦のさいに帰化日系人の男達約200名はブリティシュ・コロンビアでは軍隊に入ることができなかったために、アルバータ州に赴いてカナダ軍に義勇兵として加わった。50人が戦死、大勢が負傷した。[従軍経験者の]選挙権獲得はそのための長年の努力が実って1931年にいたってようやく成功をおさめた。

1930年代にはいるとカナダ生まれの二世で成年に達する人が増え、1936年に彼ら独自の団体である日系カナダ市民連盟を結成した。レストラン、劇場、プールなどにおける公然たる差別、隔離は個人として辛くいやなものであったが、かれらの主要目的は市民としての全面的な権利獲得であった。4名からなる代表がオタワを訪問、ブリティッシュ・コロンビア州の投票権規制にもかかわらず、連邦の選挙権を獲得しようと「選挙および投票権法にかんする特別委員会」で意見書を発表した。（当時、州の選挙権がないと連邦の選挙権が認められない仕組みになっていた。

）この活動は不成功に終わったが、二世の努力は続けられた。独自の英字新聞を刊行し、自分達の意見を一世の年長者や一般カナダ市民に訴えたのである。

1930年代に入って、日本の軍事侵略が拡大すると日系カナダ人にかんする一般の人々のイメージがさらに悪化し、日本人のスパイ、破壊活動、ひそかな侵略などの噂が広まった。世論の圧力を受けて1941年にはカナダ連邦警察はカナダ在住のすべての日系人（日本国籍者、帰化市民、カナダ生まれの人）の登録を実施した。さらに連邦警察は「危険分子」のリストをまとめた。その対象となったのは主として日系人社会の指導的な人々で、日本語学校の校長、日本の大手企業と取引のあるビジネスマンなどが含まれていた。

1941年12月7日の日本軍による真珠湾攻撃とそれに続く異常なヒステリー状態を利用して、政治家達は日系カナダ人に対する一般市民の恐怖心と憎悪を煽り立てた。彼らが連邦議会で主張したことはもっともらしく説得力があった。日本に民族的起源を持つ者はすべてが「敵性外国人」とみなされ、西部沿岸地域から追放された。短期間のうちに日系人の財産が没収され、その財産は所有者の同意なしに話にならないほどの低額で売却処分された。1946年には約4000人の「帰国」政策が実施されが、日系人の大部分はカナダ全土に分散させられた。すべての財産が没収されたことや1949年4月1日まで日系人の西部沿岸地域への立ち入りが引き続き禁止されたことによって、少数民族コミュニティの最終的な破壊が達成されたのである。
（2001年2月20日）

目覚めつつあるコミュニティの内的力学
日系カナダ人のための補償

三木ロイ

カナダ・エスニック研究協会が催した補償に関するパネルにロジャ・ダニエルス、アン・スナハラとともに参加。1989年10月17日、カルガリーにて

1988年9月22日、議会でブライアン・マルローニ首相は全カナダ日系人協会（NAJC）との間に包括的な補償に関する解決が成立したことを発表した。NAJCの代表は正面から首相を見下ろす傍聴席にいた。大きな拍手が起こった。首相に続いて自由党のセルジオ・マーキ、新民主党のエド・ブロ_ドベント両党首が立って、この国にとっての補償に意義について語った。ブロードベント党首の最初の夫人は日系人だった。同氏は口ごもり、声を震わせながら収容時代を題材にしたジョイ・コガワの小説『おばさん』の一節を朗読した。その声が議場を満たし消えていった。「底無しに深い眠り、それから決して目覚めることのない類の悪夢がある．．．」　NAJCの代表の向かい側の傍聴席には熱心に耳を傾けるジョイ・コガワの姿が見られた。この儀式的な瞬間に日系カナダ人の先達たちが1940年代に蒙った不正が公式に承認されたのである。日系カナダ人にとってこの事件は自国の歴史の公文書のなかに長年埋もれていた残虐な行為を暴露するという必要な公的行為だった。日系人の見方は解決の中に織り込まれていたから、その文言は過去の重荷を取り除くものだった。

「第二次大戦中、大戦後、その大部分がカナダ市民である日本に先祖を持つカナダ人はそのコミュニティに対してカナダ政府によって取られた前例のない行為によって損害をこうむった。
当時、軍事的に必要と考えられたことであったとしても、第二次大戦中の日系カナダ人の強制移動と収容、そして大戦後の強制送還と追放とは不当なものであった。」

その承認の中にはそれ以外の不当な行為、権利剥奪、財産没収、分散政策などにも触れられている。人間の尊厳の喪失は消し去ることのできないものであるが、その直後にNAJCのアート・ミキ会長とマルローニ首相との間に調印された合意書はかって裏切られた民主主義の諸原則の更新を促進するものとなった。

私は資料に基づく補償の運動の研究をはじめているが、そのテーマは補償を達成した日系人集団内部の力学（ダイナミックス）である。それを理解にするためには、正統な運動に着手する以前に建設されなければならない橋があったことを知る必要がある。1984年の政治闘争の開始にさいしてカナダ各地の日系人センタ_の代表からなるNAJC協議会の中にあった混乱にこのことが明瞭に示されている。各地に散在しているコミュニティの指導者たちには政治的な活動、陳情、運動を盛り上げていくことなどの経験が皆無に近かった。さらに彼らは政府の権威に公然と挑戦すること、そして、自分達の主張を世論に訴えることなどを躊躇していた。このような心理的、情緒的な後遺症は長時間の熱した議論のなかに浸透し、疑いや混乱の雰囲気をかもし出していた。収容についてほかの人々に分かってほしい、正義を求めたいなどの普遍的な熱意があったために、組織の欠如を何とか埋め合わせることができたのである。

このような出発点以前にはNAJC（当時はNJCCA、全国日系カナダ市民協会と呼ばれていた）がコミュニティの草の根とのつながりを失っていた消極的な指導の時代があった。たとえば、カナダにおける補償の運動が芽生えつつあった1980年代はじめには、日系アメリカ人の補償問題に取り組むための「民間人の戦時移動と収容に関する連邦議会審議会」が行った公聴会関連の報道に多くの関心が寄せられていた。国境のこちら側でも重要な問題を提起されていた。たとえば、カナダでも政府任命の審議会「ロイヤル・コミッション」による同様な活動が可能だろうか。全国各地でコミュニティの集会を開催してはどうか。個人補償はどうか。このような多岐にわたるの問題の甚大な結果について塾慮することなく、NAJC協議会は活動に消極的で、全国補償委員会が直接不正の被害を受けた一般の日系人から浮き上がったトロントの少数分派にコントロールされることを許したのである。

このようなコミュニテイの権威失墜の歴史は収容の時代が終わった直後に始まった。1950年代初頭からずっと日系人は親しみがない土地で生活の再建に忙しく、過去の不正の苦痛から目をそむけ、収容について沈黙していた。10年にわたる厳しい差別的な制限の後のことで、同化し、過去を忘れることが目的となっていたとしても当然だった。このパターンは1960年代まで続いた。しかし、三世の中には自分達の歴史の不連続性や戦時中の残虐行為を説明しようとはしない親の世代に疑問を抱き始めた人びとがあった。1970年代中葉にはいって、特に最初の移住者永野万蔵の渡来から100年を記念する催しを準備する中で収容時代の話題が再浮上してきた。コミュニティの文化活動が盛り上がり、誇りの回復が感じられたが、補償も話題になった。1978年のNJCCAの会議で補償委員会が成立した。しかし、争点を周知徹底しようとしたり、日系人を組織化しようとする草の根の活動はなかった。

1970年代末頃までに日系社会の権威は事実上、独自の自立的組織をもつ各地のセンターとNJCCAと呼ばれるものとに分裂、この全国組織は1950年代中葉から1970年代中葉にかけての全時期を通じてトロントに中心を置きながら一種の冬眠状態に陥っていた。地方と全国との溝があったために、NJCCAはそのコミュニティに根ざした権威を発揮することができなくなっているのが実態であった。1980年代に入って、この問題を意識しながら、NJCCAをそれぞれ独自の名称と規約を持つ地方のセンターを構成要素とする協会に改組しようと試みられた。しかしながら、名称が変わっても地方と中央との齟齬を橋渡しするために必要なの組織的改革には繋がらなかった。その結果、1980年代はじめに補償の問題が持ち上がったときに、NAJC内の意思決定は日系人社会の草の根、すなわち、収容を体験した個々の男女とは無関係なところで行われたのである。

1983年はじめに事態をよりいっそう深刻にしたのは当時のNAJCの全国補償委員会委員長であったジョージ・イマイがNAJC協議会に諮ることなしに自由党政府からコミュニティ基金を補償として求める方針を発表した。（もっとも、あきらかなの理由から、この点に関する決定的な文書資料は失われてしまったかに見える。）この基金のための5000万ドルという数字が噂されたが、日系人の間に何らかの提案が広報されることはなかったし、日系人のために何をなすべきかについて知っていたのは主としてイマイ

を取り巻くほんの一握りの人びとだけだった。この発表には当時のNAJC会長であったゴードン・カダタも驚かされた。私を含めて補償問題を教育的なキャンペーンと理解していた者にとって、イマイの行動は日系人社会のなかの民主的手続きを裏切るものであった。イマイの政府との取引の背景にある政治的策謀は噂や憶測で曇らされていて、立ち入った研究がぜひとも必要だが、NAJC協議会に知らせることなく何らかの解決策を提案していた可能性がある。イマイは自由党政府との有力な繋がりを持っていたことで知られていた。彼はコミュニティ基金の提案を準備するために10万ドル以上の政府の補助金を獲得した。この補助金は日系人による支持を確認するためのアンケート調査や、この目的のために特別な全国会議を開催してNAJC協議会による承認をうるという活動のためのものだった。

幸いにしてカナダ各地のさまざまなコミュニティの日系人は補償問題が始まる前に終わってしまうことに憤慨したため、イマイの計画は自滅した。1983年中の大部分の時期にNAJCは激しい議論や忠誠心の動揺によって分裂状態にあった。本来、日系人社会全体に責任を持つNAJC会長と協議会とに認められるべき権限を小委員会である全国補償委員会が奪っていたことがここに示されている。NAJCが混沌状態にあったにもかかわらず、抗議の声はイマイの権威に挑戦するほど大きなものであった。1984年1月のウイニペグにおけるNAJC協議会においてアート・ミキが会長に選ばれたが、このときにイマイの権限が剥奪された。イマイ論争はNAJC協議会のメンバーにとって破壊的なものであったが、同時に、補償問題が複雑なものであること、そして正義を求める運動には多数の日系人の参加が必要であることを彼らに気づかせるショック療法でもあった。1985年1月以降、NAJCを代表機関へと再編成し、教育的、政治的な補償の運動を積み上げていく作業が本格的に始まったのである。

権力闘争や論争にもかかわらず、運動が始まってからも日系人の大多数は人権問題としての補償問題の重要性についてほとんど知らず、考えることもなかった。日系人は収容を体験していたにもかかわらず、総移動が人種主義の結果であって、軍事的に必要な処置ではなかったことを証明する少し前から利用可能となった政府文書についても知っていなかった。1940年代の政府による処置の背景に「人種主義の政治」（これは収容の研究でアン・スナハラが使った適切な表現）があることを多くの人々は知らなかったのである。多くの日系人たちは収容を実施するのに際して用いられた政策をあえて問題にしようとは考えもしなかった。沈黙を守り、質問しないという犠牲者症候群は人々の心理的習慣となっていた。

補償に関する当初の強い関心が急速に草の根のコミュニティに波及したことは理解できる。だが、積極的な方向での運動の盛り上がりが見られたのではなく、混乱と情緒的な動揺が生み出された。消極性や、不本意な同意がそれまでの30年のコミュニティの特徴であったとすれば、ここに現れたのは相対立する声と意見からなる不協和音であった。一方の極には、動揺を嫌い、目をそむけ、議論する代わりに沈黙を選ぶ人びとがいた。もう一方の極にあったのは、コミュニティの政治に長年関係をもたなかった人々で、自分の殻の中から出てきて、闘争の中に飛びこんだ。大抵の人々は両極の間にあって、興奮、好奇心、懐疑、不信、不安、憂慮などが交じり合った雰囲気のなかで事態を傍

観し、見守ったのである。この私の発言の範囲内で、この目覚めの時点での多面的な様相を十分に説明することは不可能である。しかし、この事態を「目覚め」と呼びうるのはなぜかについて理解するために、日系カナダ人のアイデンティを抹殺しようとした約40年前の政府の抑圧的な処置に目を向ける必要がある。

1944年8月4日、マッケンジ_・キング首相はこの「吉日」に議会で日系人が直面している人種主義のいわゆる解決策を発表した。一言にしていうなら、「分散」であった。総移動から2年あまり経っていて、敵性外国人資産管理人によって日系人の家や土地、動産などを没収され、売却されていた。西部沿岸の日系人社会は政府の組織的な襲撃によって破壊された。日系人は彼らの人間としての尊厳と自由を含めて、価値あるものをすべて失っていたのである。それだけではなく、政府は没収した財産の売却によって資産管理人が取得した資金で収容の費用を日系人自身が負担することを余儀なくさせたのである。いまや彼らは再度の根こそぎ総移動を経験しようとしていた。

補償の運動以前には、資産管理人が個人の口座を設けて日系人自身の資金から生活費を支給、この資金がなくなるまで政府の援助が受けられない仕組みになっていたことを知っているカナダ人はほとんんどいなかった。次の例はこのシステムがもたらした個人に対する不正の数かずを示している。ある日系人の家族はアルバ_タの砂糖大根農場に送られた。不運なことにその農場は赤字経営、農繁期が終わるとわずかな賃金の支払いを拒み、政府に補助金を要求した。BC保安委員会は資産管理人にその家族の口座にある資金から彼らの賃金を「支払う」ことを認めた。その日系人の家族は東部カナダに移動するため資金を若干なりとも稼ぐことができるのではないかと考えて一年間の重労働に従事したところ、自分たちの資金のなかから自分たちの賃金を支払うことを余儀なくされたことを知ったのである。このような不公平はしばしば話題になったが、しかし、政府の役人による決定はしばしばその場のしのぎのものであったから、それを資料的に裏付けることは非常に困難かないしは不可能である。日系人には身を守る力がなかった。「敵性外国人」の烙印を押され、全ての権利を奪われていた日系人たちは「民主主義の衣をまとった狼たちの格好の餌食」だったのである。（総移動の最中にムリエル・キタガワが弟、ウェス・フジワラに送った手紙のなかの表現。Muriel Kitagawa. p. 91.)

継続的に犠牲を強いられて犠牲者が出る。日系人の場合も例外ではない。政府の宣伝色の濃い報告書から日系人が収容生活をうまく暮らしていたという印象を与えられる人もあろう。だが、報告書は砂糖大根農場で多数の家族を収容するのに利用された鶏小屋の一棟で赤ん坊が死んだことを記録してはいない。さらに、家族に再会するために家に帰ろうとした漁師が白人の漁師たちから暴行をうけ、その結果、病院で死亡したことを伝えてはいない。さらに報告書は収容所や砂糖大根農場の原始的な生活条件ゆえに短時日のうちに弱って死亡した年寄たちのことを記録してはいない。報告書は大平原地方の苛酷な生活条件、氷点下の冬をすごした壁に断熱材が入っていない小屋についても触れていない。報告書の中で人種差別がある国で、将来のことが予測できないために犠牲者が情緒的な不安、緊張、恐怖心などを抱えていたことに言及されていないのはけだし当然だろう。結局、政府の報告書は被害者自身については何

も伝えていないのである。

話題をキング首相の議会での発言に戻すことにする。そこには政府の政策の公式的で即物的な表現がある。「日系カナダ人自身にとっての健全かつ最善の政策はその人口を全国各地にできるかぎり広範囲に分散することによって人種的反感を生み出さないようにすることであります。」(King. Debates. p. 5917.)　　　マッケンジ_・キングにとって人種主義の原因は非白人の犠牲者が目立つことにある。日系人をカナダ全土に少人数づつ分散すれば、グループとして目立たなくなり、その結果、カナダ人の間に「人種的反感を生み出さない」ことになるのだ。このように歪曲した論理によって、西部沿岸地域からの強制的な分散が犠牲者のためにおこなわれることになる。キングの演説にはさらに、それほどまでにお為ごかしではない威嚇が隠されていた。キング政権は「カナダに引き続き滞在を許される者を確定するために在住の日本人種全ての出身、忠誠心、態度等を調査する一種の疑似司法的調査委員会」を設ける計画だった。　(p. 5916.)

すでに一連の差別的措置の対象になっていた日系カナダ人にとってキング首相が言おうとすることは明々白々だった＿分散政策に従え、さもなければ忠誠心がないものと認めて強制送還の対象になる。「疑似司法的」調査委員会は設立されなかった。それはキングにとってさえもあまりにもあからさまな人種差別だったのかもしれない。しかし、1945年春には、政府は分散を強制するために二つの処置を抱き合わせにしたもうひとつ別の方法を画策した。連邦警察および労働省の役人が収容されている日系カナダ人を訪問、日本に「帰国」（追放、ないし、強制送還の婉曲な表現）するか、ロッキ_山脈以東に「分散」するかの選択を調査したのである。カナダを去るか、あるいはBC州を去るかを強制されたのであるから、日系カナダ人にとって正当な選択でなかったことは明らかだ。本当の目的は日系人が沿岸地域にもどって生活とコミュニティを再建できないようにすることにあったのである。

キングの分散政策が全面的に成功したわけではないが、しかし、日系人社会の人口統計の輪郭を恒久的に変貌させるのに十分なものであった。総移動直前の1941年と分散から5、6年を経た1951年の日系人の人口分布を概観すれば、政府の政策の結果はあきらかである。すなわち、日系人社会の90％以上が防衛地域と指定されたところに住んでいて、1942年にそこから強制的に立退かされたのであるが、もっとも顕著な変化はBC州で起こっている。同州の日系人の人口は22,096人から7,169人に減少した。他方、オンタリオ州の人口は234人から8,581人に増大した。政府の砂糖大根労働計画の直接の結果として、アルバ_タ州の人口は578人から3,336人へ、マニトバ州では48人から1,137人へと急増した。ケベック州の人口はモントリオ_ルに再定住するようにという政府の圧力があったために、48人から1,137人へと増大した。さらに、1946年には3,964人が日本に送還されたために、日系人の人口が減少している。　(A. Kobayashi p.6; Sunahara p.173)　当時確立された地理的分布のパタ_ンは現在の日系人社会の人口的な構成にとって決定的な意味をもっている。

分散は西部沿岸地域各地の同質的な複合体である日系人コミュニティを解体し、大戦後日系人が移転したさまざまなカナダの都市における高度に発展した地域独自の日系人コミュニティの展開を促すことになった。この過程を通じて、旧来のパタ_ンのリ_ダ_シップも解体された。かって非常に影響力があり伝統的、専制的な方法で支配していた一世の世代は分散したコミュニティのなかで手掛り足掛りを失った。社会的、文化的な組織を失い、見知らぬ都市に移転し、英語に熟達したカナダ生まれの二世の子供たちを頼りにしなければならなくなった。総移動の時代に二世の世代は成年に達し、リ_ダ_シップの責任を負わなければならなくなった。力のバランスが一世からその子供の世代に移動し、カナダの民主主義を信奉するよう教育された二世は自分たちの権利を守り、賠償（当時は補償[redress]のことを賠償[reparation]と呼んでいた）を求めるための手段として散在している日系人コミュニティのための全国組織を作ろうとした。全国日系カナダ市民協会(NJCCA)が1947年9月にトロントでカナダ各州の代表を召集して結成された。当時、日系カナダ人は未だ選挙権が認められていなかった。（1948年まで、BC州では1949年まで認められていない。）それ故に団体の名称に市民が言及されているのであり、本当の意味でのカナダ人になることを妨げている人種差別の壁を打ち破ろうとする意志が当時の人々の政治的努力の中心的な動機だったのである。

著述家、ムリエル・キタガワは年下の世代のことについて、分散による破局的な動乱の最中に「二世は自覚と自信を意識するようになった」と回想している。（p.220）しかしながら、大戦前の社会的階層秩序が失われたことによって、全体としての日系人社会のなかにはるかに長期的でマイナスの効果がもたらされた。人種主義と社会的汚名の雰囲気のなかで、彼らは二重の存在という緊張のなかで生活しはじめたのである。BC州ではだれでもそうであったようなコミュニティとの何らかの繋がりを維持しながら、同時には白人の隣近所に同化しようと＿場合によっては過剰なまでに＿意識的な努力を怠らなかったのである。二世はこの行動を戦後世代の三世の子供を育てるなかで実践した。主流社会のなかで成功するようにと教えたのだが、それは白人の中産階級的価値の強調につながる場合が多かった。彼ら自身や家族の経済的な基盤が資産管理人による動産、不動産の没収によって失われていたために、教育そのものが名望の獲得と経済的安定の再獲得につながる当然の手段となったのである。三世にとって大学教育はめざすべき目標とみなされたが、たぶん、人種差別の壁や大戦中の中断、貧困などの理由で大多数の二世にはその機会が否定されていたためであろう。同化への努力や大学教育を経て主流社会の専門職業に就くという三世の傾向は、1986年の国勢調査にもとづく最近発表されたオ_ドリ_・コバヤシの人口統計学的な研究報告から劇的な程に明確になっている。

教育に関して25才から44才の年齢層（1942年から1961年までの間に生まれた人、すなわち、三世）を見てみると、25％近くが大学の学位を持っているが、カナダ人の平均は約10％である。二世の世代についての対応する数字ははるかに低く、45才から54才の年齢層（1932年から1941年までに生まれた世代）、すなわち、若い二世についは11％、55才から64才の年齢層（生年が1922年から1931年まで）では6％、そして65才から74才の年齢層（生年が1912年から1921年まで）では3％と低いが、この年齢層こそが1940年代、1950年代に三世の子供

を持つ可能性があった世代である。　(A. Kobayashi. p.40.)　　大学教育は社会的流動性を大きくする効果があるから、同化は若い二世、三世の異人種間結婚（インタ_マリッジ）の急激な増加をもたらした。すでに日系人は自分たちの周辺で起こっているのを経験から知っていたことであるが、それがコバヤシの研究によって確認されている。すなわち、現在、「日系カナダ人とそれ以外の民族的背景をもつ配偶者との間の結婚が結婚全体の90％以上を占めるようになっている」(p.2)　37才から44才までの三世や若い二世、すなわち、1940年代の収容時代に生まれた人々のインタ_マリッジの割合は約70％である。55才またはそれ以上の年長の二世の場合には、圧倒的多数が二世同士の結婚である。(1986年におけるこの年齢層の日系人以外との結婚は約9％であるが、過去におけるよりも高率になっている、とコバヤシは指摘している。この点についてコバヤシは、「多くの場合、結婚したのが第二次大戦後であるし、その多くは初婚ではなかったのではないか」(p.34)と推測している。注目すべき点は、三世のインタ_マリッジの傾向が二世の親の世代に比べて正反対になっていることである。概して言うなら、この逆転は政府の強制的な分散政策の直接の結果である。

このような統計の背後には、抽象的な数字数表によっては表現することができない情緒的、心理的な人々の横顔がある。強制移動、財産没収、「敵性外国人」と烙印を捺されたことからするトラウマ、そして、基本的な自由権を喪失したこと_このような非難攻撃がおよぼした日系人の意識にたいする効果は以下のような二つの表現にはっきりと示されているが、それらは日系人が過去を克服できず、結局、沈黙と不本意な同意とを余儀なくされたという板挟みの状態を理解することを助けるものであろう。よく使われる表現のひとつは「シカタガナイ」というもので、これは年長の日系カナダ人にとっては「It can't be helped.」という英訳よりははるかに深い情緒的な意味合いをもつものである。哲学的な標言としては、人間個人の意思をはるかに超えた宇宙的プロセスとしての問題が不可避な不正義を受容する道を示唆するものである。これを人智（自己の存在の中への引きこもり）と見なす信条的体系もあるだろう。しかし、これは犠牲者の自己防衛のメカニズムの症状でもありうるのだ。重くのしかかる無力感、それがどうすることもできないという感覚を生み出し、それがさらに生き延びるための唯一の手段としての受容を生み出す。もうひとつのよく使われる表現として英語の「blessing in disguise」（災い転じて福となす）というものがある。収容との関連で言えば、これは強制移動と分散がBC州における島国的コミュニティを解消し、日系人の同化を促進するものであったと指摘することによって、不正義を合理化する一方策だったのである。このような理解の枠組みからすれば、困難や欠乏は苛酷なものであったが、その結果、日系人はカナダ各地に分散、そこで生活の再建をせまられ、そのプロセスの中でようやく主流社会にとけこみ、そこで成功をおさめてメデタシということになる。

ある意味ではこれら二つの標語は、それによって大戦後、日系人が非常にすみやかに生活を再建し、社会的に向上するようになった態度や理解を説明している。ただし、全ての財産を失った年長者たち大多数にとって没落が変えようのないものになってしまったことは論をまつことなく明らかである。反撥反撃することができるだけの若さをもつ日系人にとっても、生き延びようとする意志、かって拒否

し中傷した同じ白人社会のなかで成功を収めようおとする決意を育む中で、不運な状況が表面化しているように見える。その意志は一世によって二世に教え込まれた「我慢」という伝統的な価値によって補強されていた。ある日系人は大戦直後の困難な時代を顧みながら、適切に次のように言っている。

何ものにも優るものは生き延びようとする本能だった。同等の者として受け入れられるためには、学校であれ職場であれ、人一倍、努力しなければならない。私にとってそれは苦労の連続であった。人並みに手を抜いて仕事をしては駄目だ、休憩時間を決められたより一分でも余分にとってはいけない、と親から諭された。わたしが仕事を終えるのは5時30分。5時にはいつもエレベ_タ_にのっている人たちを羨ましく思ったものだ。　(Spirit of Redress. p. 97.)

ここに示されている懸命な努力を通じて自己の存在を確立したいという望みはある見方からすれば積極的なものであろう。しかし別の見方からはここにもまた消極的なものが隠されているといえる。すなわち、収容という不正義にいずれ決着をつけなければならないということを内面的に否定しているからである。多くの日系人にとって、政府が数々の不正を認めていないということは自分たちの潔白が公に宣言されたことはなく、結果的に有罪と見られていることを意味していたのだ。だが、何のために有罪なのか？
　自分たちが自由の身になったと知っても、なんらかの理由でカナダ人の逆鱗に触れてしまったという内面的な罪悪感を和らげはしなかった。その意味で、1944年8月にキング首相が日系人に押しつけた政策そのものを内面化し自分のものにしてしまった。人種差別、社会的差別にたいする潜在的恐怖心のために、日系人が模範的カナダ人に変身するという皮肉な事態が起こったのである。

補償問題がコミュニティのなかで最初の盛り上がりを見せた1980年代にはじめに、日系人の主流を占める人々の反応には相反する二つの型があった。その起源は1940年代にみとめられるものである。一方には、長年の懸案である不正を正すという正義の闘いに参加する人々があったが、他方には、補償問題に対応するさいに白人のカナダ人からの報復を恐れる人々もあった。たとえば、ある年長者グル_プの集会で、多くの年寄たちは政府から老齢年金支給を停止するという仕返しがあるのではないかと考えていることがわかった。過去において政府から不当に取り扱われたことを考えれば、このような条件反射は理解可能であった。同時にまた、このような恐れが非常にはっきりと示しているのは、年長の日系人の多くが外見からはわからないが、収容時代からの後遺症に悩まされているということであった。

沈黙が日系人の生活ゑ尾支配するよううになっていたのだが、補償問題は老若を問わずカナダ各地の日系人を沈黙を言葉に表すという困難な闘争にひき入れた。たとえば、1984年のグレ_タ_バンク_バ_地域では、個人の自宅での小集会が頻繁に行なわれた。これは政治的集会に出席するのを知られたくないと思い、あるいは大戦中の経験を思い出したくないという理由で公開の集会に参加しない日系人に接触しようという活動であった。個人の家での少人数の集まりという安全な雰囲気のなかで、友人、親戚、隣人などが個人的な体験を分かち合い、補償についての意見を

交換する機会であった。多くの場合、小集会は収容の苦痛を胸のうちに秘め続けてきた日系人がついに個人的な沈黙を破るという情緒的な出来事となった。二世が三世の子供の前で今まで一度も話したことがない経験を語るという場面もあった。ある女性は赤ん坊の時代に母親とヘイスティングス・パ_クの厩舎に収容されことを知ってショックを受けた。

1984 年から1986 年にかけて次第に多数の日系カナダ人が以前よりははるかに公然と自分達の体験を語るようになった。新聞記事、ラジオやテレビの番組などにとりあげられるようになった。個人として発言する人が十分にいたわけではないが、しかし重要な変化をもたらすのに足りるだけの人がいたといえる。このようなコミュニティの目覚めと平行して全カナダ日系人協会（NAJC）は教育的なプログラムに取り組んでいる。すなわち、当時の軍事指導者や連邦警察が治安のための処置としての日系人の収容に反対していたことを政府の文書から具体的に明らかにする活動であった。日系人は具体的な証拠によって総移動が日系人社会を攻撃するために戦時の危機的な状態を利用しようとした人種主義的な政治家たちに迎合する政策であったことを学んだ。日系人は個人的な経験からして人種差別について熟知していたものの、文書による証拠があることを知って補償の運動に参加する必要があることを確信できるようになった。

補償の運動の初期の段階で日系人の意識の高まりをもっともよく示している活動は1984 年11 月21 日に政府に提出した補償に関する意見書『裏切られた民主主義 - 補償問題のために』であろう。この意見書は NAJC 意見書委員会が同年春から夏に執筆したもので、補償の必要を主張するために政府文書の中から関連する資料を引用収録している。このようにして NAJC はようやく正義を求める日系人の声を自分たち自身の見方で、そして、自分たち自身の言葉で表現できるようになった。意見書は自分たち自身を力付け解放する行為であったが、同時に政府に公然と挑戦する収容以来最初の行為でもあった。1984 年11 月21 日は厳しい政治闘争の始まりに過ぎなかったが、補償の運動の展開を可能にする過去と現在を繋ぐ橋が築かれたのである。

それ以降の4年間、以前からのこだわり、障害すべてに直面しなければならなかったので、コミュニティの記憶の重層の皮が中へ中へと剥がれていった。そして、自己否定、不信感、報復への恐れ、人目に立つことへの恐れ、政治行動に対する不安感など、そこに立ちはだかる障害は多岐にわたっていた。　闘争に参加した日系人たちは 1940 年代にまでさかのぼりうる心の内奥の抵抗と闘っていることに気づかされたのである。

特にひとつの争点がコミュニティ内部の対立の複雑さをあからさまにした。それは個人補償対団体補償であった。当然のことながら、団体補償の方がより安全なアプローチだった。その理由は、補償金総額に関して団体補償の方がはるかに少ないし、個人の権利について争うことを避けたいと考えている日系人にとっても心配がなかったからである。犠牲者であることのパラドックスが NAJC の全国補償委員会委員長であったジョージ・イマイの意見書に依然として明瞭に示されている。イマイ意見では、日系人は団体として収容されたのだから団体補償の方がよりいっそう適切である。このような見解が見過ごしているのは日系人が

個人としてではなく人種的な起源に基づいて取り扱われたがゆえにまさしくその公民権が侵害されたのだと言う点である。このような意味からすれば、団体補償だけでは元来の不正義を補強するだけである。民主主義的な立場、NAJC が採用したアプローチは個人の権利が侵害されたという点を基礎にしている。しかしながら、個人の権利の主張は同化と目立たないことを重要視する日系人の神経を逆撫するものであった。団体補償によって個人性を抑圧したいと思う反動的な日系人の存在のために、日系人がカナダ個人として自信を持つようにするプロセスは、 NAJC にとってとりわけ厄介な問題だった。この目的の達成を可能にしたものが何であったといえば、それはほかならぬ草の根のキャンペーンであった。

1985 年から 1986 年に時期には、一方で新聞第一面のニュースになった障害だらけの交渉が政府との間に行われていたが、NAJC は政府との交渉のための補償に関する代表的な立場をまとめるためにコミュニティの集会に努力を集中した。それと平行して、NAJC は「敵性外国人資産管理人」の大量の文書を利用して経済的な損害を調査するよう有力な会計事務所、プライス・ウォーターハウス社に依頼した。これは大戦中の損害の具体的な金額を把握するためであった。同社の研究員は 1985年秋に調査を行い、1986 年5月にその仕事を完了したが、それと同時に NAJC は解決の提案を作成するために日系人社会のアンケート調査を開始した。プライス・ウォーターハウス社報告書は資産と所得のみで4億4300万ドルの経済的損失があったことを明らかにした。　(Economic Losses of Japanese Canadians After 1941. p.1)　偶然ではあったが効果的だったのは、この報告書と相前後して個人補償と団体補償を含む包括的な補償解決を望むコミュニティの意見調査の結果が明らかにされたことである。これら二つの成果は日系カナダ人の自信を前向きに高めるものであった。すなわち一方で、NAJC は経済的な損害に関する調査研究によって、収容の結果、多額の物質的損害があったことを具体的な金額に基づいて一般の人々に示した。もう一方で NAJC はコミュニティの草の根の人々から明確な権限を委任されたのである。NAJC は 1986年のウィニペグにおける協議会の会合で政府に三つの主な問題領域にかんして交渉による解決を要望するという内容の詳細な意見書を提出することを決定した。（これらの要望はその後、1988 年9月の解決に盛り込まれている。）具体的には、公式の承認、日系人コミュニテイへの 5000万ドルの補償金、政府の処置によって直接影響を受けた個人各人への2万 5000ドルの補償金、将来の人権保護のための予防的措置などであった。日系人の見方からすれば、ここに補償の運動のもっとも重要な第二段階が終わったのである。

多文化主義担当大臣、オトー・ジェリネックの拒否的な反応にもかかわらず、NAJC はコミュニティの立場を反映する見解を具体的に示すことに成功した。幸いにして報道メディアは NAJC に好意的だった。1985 年5月から解決の日、1988 年9月22日までの運動の最後の二年間の段階では、NAJC は政府への陳情を強化するために以前よりも直接的に政治の場に働きかけた。オトー・ジェリネックの後を継いだデービッド・クロンビーはもう一年間この問題に関する結論を出すことを引き伸ばし、結局個人補償を拒否した。次にクロンビーに代わったのが [1989 年]現在も多文化主義大臣に在任しているジェリ・・ウィナーであった。NAJC の人的物的資源が限られており、すべてボランテ

ィアが時間を割いておこなったものであることを考えれば、政治闘争は過酷なものであり、緊張がほとんど耐えがたいほどに高まる場面が何度もあった。NAJC は個人補償について妥協すべきだ＿そのような内外からの圧力に曝され、1987 年末から1988 年春にかけては、三代の担当大臣と交渉したのにもかかわらず問題解決には至らず、次期総選挙を目指して活動しなければならなくなったと思われた。ところがその頃、NAJC の運動に予想外の弾みがつきだした。「日系カナダ人のための全国連合」というカナダ人の支持を統一的なものにするための一手段として形成された連合体が急速に拡大。多数の著名人、少数民族団体、労働組合、公民権団体、教会組織などが交渉による解決を求める NAJC の立場を支持し始めたのである。カナダ各地で行われた多数の公開の集会で示された NAJC への支持の拡大によって、一般のカナダ人が日系人のための「正当で名誉ある」解決を望んでいることが明らかになった。
1988 年4月14日、連邦議事堂で熱気あふれる集会が行われたが、これは補償の運動が到達した最終段階を示すものであった。500人以上の日系人がオタワでプラカードを持ち、正義を要求して行進した。集まった人々の圧倒的多数は1940 年代に収容体験がある年長者達であった。かっては大人しく文句を言わないと見られていた日系人がついに抗議するという民主主義的権利を行使するために立ちあがったのであり、しかもそれは政府のお膝元で行われたのである。この集会は日系人社会の政治的目覚めを表現するものであった。そして、政府が問題解決に失敗したとしても、日系人は少なくとも自分達の立場の表明に成功したといえるのである。

ところでその頃、アメリカ合衆国においても日系アメリカ人の補償の運動がその政治的最終段階に入った。すなわち、アメリカ連邦下院は第二次大戦中に抑留された日系アメリカ人に対して一人あたり2万ドルの個人補償を認める法案を承認した。そして、1988 年4月のオタワの議事堂における NAJC の集会の直後、アメリカ上院もこの補償法案を認めた。8月にはレーガン大統領はこれを認可した。幸いにしてカナダでも補償担当の多文化主義大臣がデービッド・クロンビーから、耳を傾ける姿勢を示し、事実NAJC と交渉したジェリー・ウィナーに交代していたのである。

以上の私の発言は補償の運動の二三の主要な問題を概観したものに過ぎない。詳細は単行本規模の研究に盛り込む予定である。結論として、解決を可能にしただけではなく、それを必然的なものにした「目覚め」に立ち戻りたい。日系人の分散は取り返し不可能なものであるが、NAJC は以前の弱体な組織を日系人を代表する効果的な運動手段に改造することによって、分散の効果を減殺することに成功したのである。日系人が強力な教育的活動を通じて世論形成に参加できることに気付き始めたとき、「シカタガナイ」、「災い転じて福となす」などの心の持ち様は徐々に解消に向かい、影響力を失った。日系カナダ人は「裏切られた民主主義」（1984 年11月の意見書）から「現代の正義」（1988 年3月発表の運動の最後のパンフレット）への道程を歩んだ。この橋を渡り、そして過去を永久に変えたのである。

私の発言の注記としてバンクーバーのローリエ研究所の依頼でエンヴィロニックス社が行った世論調査の結果を紹介したい。この調査の中で、カナダ人は日系人のための補償について回答を求められている。日系人を補償しようとする政府の計画について知っている人は 72%、BC 州では 91% となっており、注目に値する。政府の「承認」を認めるか否かについては、76% が賛成と答えている。補償の内容について、52% がこれを認め、34% が反対している。反対と答えた理由について、わずか 21% が金額が多すぎると答え、12% のみが日系人は補償金を受け取る資格がないと答えている。他方、13% の人は金額が不十分とといい、さらに 19% がその他の不正の犠牲者にも補償金が支払われるべきだと答えている点も注目に値する。以上の結果から見て、日系人のための補償が広くニュース報道の対象になっており、カナダ人は全体としてこれを受け入れていると言えるであろう。

引用文献

King, William Lyon Mackenzie.

Debates, House of Commons, 4 August 1944.

Kitagawa, Muriel.

This Is My Own: Letters to Wes and Other Writings on Japanese Canadians, 1941-1949. Ed. Roy Miki. Vancouver: Talonbooks, 1985.

Kobayashi, Cassandra, and Roy Miki, eds.

Spirit of Redress: Japanese Canadians in Conference. Vancouver: JC Publications, 1989.

Kobayashi, Audrey.

A Demographic Profile of Japanese Canadians and Social Implications for the Future. Ottawa: Department of the Secretary of State, 1989.

Kogawa, Joy.

Obasan. Toronto: Penguin, 1983. （『失われた祖国』、長岡沙里訳、東京：二見書房、1983 ）。

National Redress Committee, National Association of Japanese Canadians.

[Position Paper on Compensation]. Presented by George Imai. National Conference, Winnipeg, January 1984.

National Association of Japanese Canadians.

Democracy Betrayed: The Case for Redress. Winnipeg: NAJC, 1984. （『裏切られた民主主義＿補償問題のために』、横山赳夫、鹿毛達雄訳、ウィネベグ NAJC、1985 ）。

National Association of Japanese Canadians.

Economic Losses of Japanese Canadians After 1941: A Study Conducted by Price Waterhouse. Winnipeg: NAJC, 1985

Sunahara, Ann.

The Politics of Racism:The Uprooting of Japanese Canadians During the Second World War. Toronto: Lorimer, 1981.

文化の共有 ＿ 新一世の観点から

柴田祐子

この小文1) は第二次大戦後のバンク＿バ＿の日系社会の
形成に参加した移住者の役割を中心テ＿マにしている。生
活の記録、ないし、自伝的民族誌の形で報告するものであ
るが、それは筆者自身がカナダの文化に適応しようとして
いる日本人留学生から日系人女性へと成長の道をたどった
からである。この報告は私の調査、および、新一世として
の生活体験、すなわち、青年から中年にかけての戦後移住
者で、独身女性から、結婚して妻、母となった経験に基づ
いている。バンク＿バ＿の日系社会との関わりができたの
は、1970 年代中期に戦前戦後の一世の女性を対象にした
日系カナダ人女性の文化変容にかんする博士論文のための
研究に取り組んだからである。 (Shibata 1979, 1980)
1960 年代のカナダ移住政策の変化や、日本が国際的に
経済大国へと急激に台頭したことなどの結果、1970 年代
は日系社会の多様化、活性化の時代となっていた。そして
1977 年の日系移民百年祭記念が日系人の前向きなアイ
デンティティの形成を促進したが、そのことから日系人の
経験に関する文献数の増大が顕著となった。補償（リドレ
ス）の運動が盛り上がりを見せて、 1988 年秋に問題解
決に至ったことも、文献数が増えたことに貢献している。
しかしながら、日系カナダ人に関する研究の大多数は戦前
の移住者とその子孫、すなわち、一世、二世、三世にかん
するもので、戦後移住者に触れたものはごく限られている
。戦後の人口が日系カナダ人にかんする研究から排除され
ていることも稀ではなく、私たち、戦後移住者は日系カナ
ダ人の歴史の中には存在しないのだ。
たとえば、「カナダ諸民族百科事典」 (Paul R.
Magocsi, ed. 1999: 842 - 860) の日本人・日系人の項
目を見ると、「移住」という小見出しのところに戦後移住
者グル＿プについてのごく簡単な説明があるのみで、二世
の歴史家をふくむ二人の著者は百年祭記念にかんする戦後
移住者の重要な貢献について言及していない。「千金の夢
」写真展やそれをもとにして作られた三ヶ国語の本の出版
について、戦後移住者が中枢的な役割をはたしたのだが、
クレジットは全て三世の写真家にあたえられている。

「タミオ・ワカヤマは才能ある写真家で、数冊の本を出版
している。その内 2 冊、『千金の夢』(1977 ［ママ］)
、『帰郷』(1992) は日系カナダ人の経験を取り扱って
いる。」 (Ayukawa, Roy. 1999: 850)

さらにある三世の著者は「 『千金の夢』はタミオ・ワカ
ヤマによって執筆され、編集され、組織された」と書いて
いる。 (Watada 1999)

私も百年祭プロジェクト(JCCP) のコオ＿ディネ＿タ＿を
務めたタミオ・ワカヤマが芸術的才能のある写真家である
ことを認めるにやぶさかではない。しかしこの本の出版は
日系カナダ人百年祭プロジェクトというグル＿プの努力の
成果であり、戦前の世代（一世、二世、帰加二世、三世）
と戦後移住者（新一世）の協力によって作成されたもので
あるから、出版された本にワカヤマの名前だけが掲載され
ているわけではない。

日系カナダ人百年祭プロジェクトは私たちの文化共有が
おこなわれた組織であった。 このプロジェクトは1970

年代中期のバンク＿バ＿日系社会から冷たくあしらわれ
たにもかかわらず、プロジェクトのメンバ＿にくわえて、
多数のボランティアやその他大勢人々に支持された。年令
、世代、国籍などの違いにもかかわらず、百年祭プロジェ
クトのメンバ＿は日系社会における文化共有の運動を発起
し、日系カナダ人百年祭を祝うことによって私たちの歴史
の新しいペ＿ジを開いたのである。最近の日系カナダ人の
歴史に影響をおよぼしたこのプロジェクトにおいて、新一
世が重要な役割を演じたことは稀にしか言及されていない
。日系カナダ人の最近の歴史に私たちが参加したというこ
とを主張するとともに、私たちがバンク＿バ＿の日系カナ
ダ人社会そのものなのだと考える時がやってきたと言えよ
う。
1998 年 9 月18日、バンク＿バ＿でおこなわれた補償成
立 10 周年記念の晩餐会で、当時の全カナダ日系人協会
(NAJC) の会長で、かって日系カナダ人百年祭プロジェ
クトのメンバ＿であり、 1980 年代の補償の運動でも重要
な役割を演じたランディ・エノモトは、
1975 年に新一世の坂田道子による日系カナダ人のグル＿プの
形成を呼び掛けて、それが日系カナダ人百年祭プロジェク
トへと発展したことを回想しながら、当時の感慨を述べて
いる。エノモトはこの比較的最近の過去の出来事を振り返
り、三世としての自分の歩んできた道とそして日系カナダ
人の歴史を従来とは違った観点から理解するようになった
こと、そして、この新しい見方は、カナダ以外のところで
生まれた人々、すなわち新一世に刺激されたものであるこ
とを認めて、以下のように述べている。

「私にとっては初めて、収容の恥辱に煩わされていない、
そして自分自身の中にあるかも知れない人種主義に煩わさ
れるといったようなこともなく、自分たちの生活をこだわ
りなしに生きている日系の人々と出会った。個人的に言え
ば、私は内向的に閉じこもりがちな人間から外の世界で影
響力を獲得しつつある人間に変わりつつあった． ． ． 補償
の運動は1940 年代にミュリエル・キタガワが敵性外国人
資産管理人に抗議したときに始まっているが、1970 年代
にバンク＿バ＿地域で新一世、すなわち、移住者が外側か
ら私のように冬眠状態にあった三世をめざまさせたという
功績を認めたい。」 (JCCA Bulletin. 1998 年10月:
8)

戦後移住者の日系社会への参加については、このグル＿
プに属する人たちが自分たちのアイデンティティについて
相反するどっちつかずの感情を抱いていたこと、言いたい
ことを表現する英語力を欠いていたことなどによって、記
録されたものが少ない。大抵の戦後移住者は自分たちを「
日本人」とも「日系カナダ人」ともみなしていない。しか
しこの点は次第に変わりあつつある。(Shibata 1998)
1960 年代末から1970 年代はじめにかけては、新一世の
多くが新しい環境のチャレンジに直面した時期だった。就
職口を探すのに、あるいは、新しい仕事に馴染むのに苦労
している人々があった。また、若い親として一家を支
えるのに汲々としている人もあった。あるいはまた、自分
にとっては依然として異質であるカナダの生活様式、言語
や文化を子供たちが急速に学び取りつつあり、自分とは遠
い存在になりつつあると感じている人々もあった。新たに
自分の国として選んだ土地で、20 年から30年の期間に生
涯のいくつかの節目を経験しながら、新一世は一連の文化
的価値やパタ＿ンを漸次身につけてカナダの生活に適応し
ていった。

1986 年の国勢調査によると戦後移住者の人口は日系カ
ナダ人の人口の 4 分の 1 を占めるに至っている。しかも多
くの戦後移住者は 30 年以上カナダに暮らし、この人たち
の中には中年の末期、あるいは老年に達している人がふえ
ている。この人たちのアイデンティティはライフサイクル
の中での時間的経過とともに変化している。そしてこの人
たちはバンク＿バ＿ひ日系社会の基本的はグル＿プのひとつに
なりつつある。それゆえに現在の日系カナダ人のアイデン
ティティや現在も進行中のその文化とコミュニティの創出
に影響を及ぼしている戦前と戦後のグル＿プの相互関係を
理解することが肝要である。このプロセスを理解するため
には、日系社会のサブグル＿プのそれぞれの知識と理解とが必要である。日系社会は年令、世代、性別、経
済力、英語および日本語の能力、現在の日本やカナダの他
の人々との関係における評判、権威など社会的に形成され
たカテゴリ＿の複合的なネットワ＿クによって構成されて
いるのである。
私は「文化共有」をアルフレッド・シェルツの「間主観
的世界」という概念 (1962: 312-18) に依拠したオレ
ソンおよびウィタッカ＿ (1968) に従いながら、個人の
内的な経験と個人を取り巻く環境との相互規定的な関係の
プロセスと定義したい。文化共有とは公然たる文化的要素
に限られたものではない。隠された要素、情緒的なもの、
感情的なものも含む。(Linton 1936; Swartz 1982) こ
れは日系カナダ人となるプロセス、異文化間、ないし、文
化内部の葛藤の問題に取り組むプロセスであり、その中で
個人は文化を解釈し、それに反応し順応するが、さらにこ
のプロセスの中で出会った人々とそれを共有するのである。
それは文化伝達のプロセスでもあった。日系カナダ人の一
世、二世、三世（戦前戦後の世代をふくむ）のグル＿プで
ある日系カナダ人百年祭プロジェクトが構成した「千金の
夢」は文化共有の好例のひとつである。この文化共有を通
じて個人と集団とが結び付けられ、特殊なものと一般的な
ものとが、そして、日系カナダ人と他の少数民族グル＿プ
、ひいては、カナダ主流社会とが結び付けられたのである。
さらにこのプロジェクトは日本国内の日本人の連携を
もたらすものでもあった。日系カナダ人百年祭記念の年、
1977 年にはこの展示の英語版がカナダ各地を巡回したの
と平行して、日本語版が日本国内の都市で巡回、展示され
た。2)
1970 年代中ごろの日系カナダ人社会内部の多様性を説
明するために 1976 年 6 月 14 日にバンク＿バ＿のセンテニ
アル・プラネタリウムで行なわれた「千金の夢：日系カナ
ダ人百年史」の展示公開の催しに触れよう。この写真展は
私もメンバ＿として参加していた日系カナダ人百年祭プロ
ジェクトが製作したものであった。実際の百周年に先駆け
て行なわれたのは、1977 年の百年祭の各種行事にたいす
るカナダ各地の日系人社会の関心を高めるためであった。
3)
私はこの開会式の晩のことをはっきり覚えている。こ
の開会式の来賓の中にはコミュニティの名士、報道関係者
、二世、三世、新一世などがいた。一世たちも手配された
バスで大勢参加したが、一世たちはこのプロジェクトを最
初から支持し励ましてくれた。経験や思い出を話してくれ
、写真を提供してくれたのである。開会式が終わると参加
者は展示場につめかけた。
過去のつらい経験を友人たちとなつかしさをこめて楽し
そうに語り合う一世の表情をみて私は意外な感じがした。
私のフィ＿ルドワ＿クの一部としてしばらく前にライフ・
ヒストリ＿の聴き取りをさせてもらった M 夫人は友人たち

とともに和服姿の若い女性の写真の前に立っていた。

「このかわいらしい子を覚えている？　今はどこにいるか
しらね。今では子供も二三人いてカナダのどこかで気楽に
暮らしているでしょうね。でも町中ですれ違ってもわから
ないでしょうね．．．本当にずいぶん昔のことだったから
。」

多くの一世たちは M 夫人と同様に、写真を前にして友人
たちと昔の思い出を話しあっていた。それは再会の集いで
あった。この人たちは自分たちのカナダにおける困難や苦
闘を通過しなければならない生活の一部として理解し、達
観した受け取り方をしているように思われた。そのような
会話をききながら、この人たちに過去の経験を誇りをもっ
て話し合い、そして、感じるための公けでふさわしい機会
を私たちが提供したことを嬉しく思った。しかし、このよ
うな喜びは長続きしなかった。一人の一世が話かけてきた
。そしてこの展示が日系カナダ人の成功を描いていないこ
とに不満を述べたのである。

「あなたたちはこの展示で有名な二世を一人も取り上げて
いませんね。これでは、日系カナダ人の歴史にはなりませ
んよ。」

さらに三世や新一世も展示について持っている不満を含
むコメントを寄せた。彼らによれば、私たちは第二次大戦
中に政府が行なった不当な行為について何ら立場を表明
していない。「カナダ政府が私たちに対して行なった不正
について具体的な説明がないのはなぜか。君たちは軟弱だ
．．．」4)
展示とそれに対する批判とは日系カナダ人のアイデンテ
ィティの形成、そのあり方にかんする複雑さを示す好例で
あろう。この複雑さを理解するためには、回想的歴史認識
(reflexive historical awareness) が必要である。一世は
概して過去を受け入れてきた。彼らは生き延びてきたこと
、そして今、この祝いに参加する機会があたえられたこと
に感謝していた。二世の間には過去の思い出を忘れたいと
思っている人々がいる。彼らは子供たち、すなわち三世に
自分たちの経験を伝えようとしなかった。三世の中には自
分たちが日系カナダ人であることを最近まで認めず、両親
や祖父母の経験を知らなかった。新移住者たちの多くはこ
の催しに関してよそ者で、傍観者だった。彼らは日本にお
ける第二次大戦の直接、または、間接の経験を通して日系
カナダ人の歴史を見ていた。5)　ヒルによれば

「．．．さまざまな人々が出来事に形と意味付けと行う。
現在の状況において意味を持つ叙述をすること、その他の
歴史意識の具体化をおこなうことにより、過去を社会的な
ものにする。(1992: 812)

この展示へのさまざまな反応の背景には、外部からだけ
ではなく私達日系人自身によってもしばしば同質的な集団
とみなされている日系カナダ人の複雑なアイデンティティ
形成の問題があることを意識する必要がある。
日系カナダ人　100 年祭プロジェクトのメンバーが長時
間にわたって日系カナダ人の歴史について激論し、「われ
われ」の過去を反映する歴史をどうしたら纏めることがで
きるかについて話し合ったことを私は展示開会式の夜に思
い起こした。プロジェクトの一部のメンバーにとっては、
自分たちの両親や祖父母の過去を発見する、そして、ほか

の日系カナダ人と協力する初めての機会であった。その他のメンバーにとって、歴史とは青年期、壮年期、そして中年期の辛い思い出に他ならなかった。そしてさらに、カナダに新しくやってきた私のような者にとっては、新しい歴史を作り出すプロセスだった。タミオ・ワカヤマはその経験を次のように語っている。

「集まったのは、新移住者や二世、三世の日系人などほとんど未知の人達の妙な組合わせだった。大勢の日本人に囲まれて、なんとなく落ちつかなかった気持ちは、私を含めてカナダ生まれのメンバーには同感だったと思う。人種差別のある国に育ち、長いこと我々はお互いをさけて来た。しかしなにかしら共通のものが残っていて，その後の我々の生活に深大な影響を及ぼすことになる決断を下そうとしていたのである。日系カナダ人百年祭プロジェクトといういかめしい名称のもとに，我々は組織化していった。なすべき事は急速に拡大し、メンバーも増えていった。振り返って言える事は、気取らない誇りと、自然に身についた日本人としての自覚を持った新一世達が、「ジャップ」、「劣等人種」とさげすまれた自分を受け入れてきたカナダ生まれの我々を、今日分ち合っている新しい自覚へと橋渡ししてくれたことである。この経験は私自身にとって啓示とも言うべきものであり、また人生の曲がり角であった。」
（日系カナダ人百年祭プロジェクト 1978: 4）

日系カナダ人百年祭プロジェクトは文化共有の好例であった。ハイダの芸術家、ロバート・デイビドソンは、ただ単に「長老達を援助することによって私は絆を作った．．伝統とは文化的な出来事である」と述べて彼がいかにして文化と伝統を習得したかについて説明している。 6) 文化共有とは日系社会における年長者や若者たちと私たちを繋ぐ絆にほかならない。ここに過去に関する文化共有の好例があるが、これは日系カナダ人のアイデンティティの構築にも重要な役割を演じている。すなわち、隣組は 1970 年代に日本人町付近の住んでいた日系年長者の差し迫った必要に応えるために、1973 年の設立以来、このような絆を培う場を提供してきたのである。 7) 爾来、隣組は日系社会のメンバーの各世代が職員として、あるいは、ボランティアとして協力しながら、変化しつつあるコミュニテイの必要に応えるためのソーシアル・サービスを提供する場となっている。 (Adachi, R. 1985)　私の友人である二世の女性は、1960 年代末に家族とともにトロントからバンクーバーに移転した後、やがて隣組に引き寄せられたが、そこでバンクーバーの一世と話して、いかにくつろいだ感じがしたか話してくれた。

「それは昔のままでした。私の母の世代の人々と話ができました。それは日本語と英語とがチャンポンで、しかもうなずきの身振りをくわえて。長年忘れていたことなので、そんな話し方ができたことに、自分ながら驚きました。」

以上の発言が明らかにしているのは、隣組がこの二世の女性の個人の経歴を呼び起こし引き出すことによって、日系カナダ人の間の文化共有が起こっている場となっていることである。それは日系カナダ人の意思伝達 ＿「社会的な標示を持つ経験」(Bourdieu 1994) が起こる場だったのである。
隣組で私たち日系カナダ人百年祭プロジェクトのメンバーは暖かい歓迎を受け，それが日本人町を超えた所からのメンバーやボランティアの獲得を可能にしたのである。日

系カナダ人百年祭の行事のなかで、そしてそれに続く時期に、日系人社会の将来が話し合われ、多くの会合が持たれることになった。隣組はパウエル祭協会、カタリ太鼓、移住者の会などの誕生を助ける助産婦のようなものだった。1980 年代には隣組を通じて山城猛夫 (1973 年以来の献身的な職員で、現在、事務局長）8)、鹿毛達雄をはじめとする戦後移住者や二カ国語を話す三世たちが補償の意味や目的を一世に日本語で説明し、彼らの声を日本語の分からない人々に通訳伝達した。そして隣組では、補償成立後の1990 年代には私たちの将来の方針を巡って多くの会合が持たれたのである。
私は隣組で話を聞きながら、日系年長者を援助することを学んだ。時には私は娘、あるいは、孫娘の身代わりとして、生活の思い出の聞き役だった。ある場合には、私は最近の日本にかんする情報源であり、あるいは、二十代後半で独身の大学院学生という存在への好奇心の対象でもあった。年寄りと話す度に、生き生きとした記憶がよみがえり、湧き出してきた。話はこんな風に始まった。

「今の若い人たちには分からんでしょ。おばあさんたちがアメリカ 9) に来たころは．．．」　そして「一人で生きている未亡人よ。何かの時はよろしくね」という締めくくりだった。

自分達の生活史をコンテクストのなかで描写している人たちがここにいる。自信を獲得し、身の振り方を断固自分で決定する能力や、そして、自分の生活を客観的にみて、置かれた状況に順応するすばらしい能力をどのようにして作り上げてきたかを私は知ることができた。この人たちが語っていることから判断すると、転位 (dislocation) によって犠牲者になったわけではない。彼らは自分達の生活にたいする責任を受けいれたのだ。
隣組はバンクーバー日系社会を象徴する社会的な存在である。非日系人を含めたさまざまな世代間の協力や文化共有が日常的なベースで起こっている場所である。ここ隣組では私たちの間にある多様性は強みになっている。ここでは直接、間接に年長の一世、二世、三世、新一世とその子供たちが日系カナダ人になっていく彼らの経験を積極的に構造化することによってお互いに学び合っている。　結論として、すでに言及した写真展、「千金の夢、日系カナダ人百年史」の最後のパネルに掲げられた一文を引用したい。この文章は日系カナダ人百年祭プロジェクトのメンバーが長時間にわたって頭を悩ませた結果，合意に達したものである。この文章を執筆したのはランディ・エノモト、ロイ・ミキ、リンダ・ウエハラ・ホフマンで、1977年の日系カナダ人百年祭記念の精神と日系人社会のメンバーとしての私達の将来に対するこの催しの歴史的な意義とを伝えている。

「．．．時をさかのぼり，同胞の足跡をたどり、日系人としての根源を見きわめた時にこそ、初めて人間としての充実感が湧き，新しい鼓動の糧を得ることが出来るのではなかろうか。この過程を通してこそ、過去百年同胞がいかにこの国に貢献したかという事を誇りに感ずるであろう。現在の私たち自身の立場はどうだろうか。私たちは社会的に安定した地位をえつつあるが、過去の憎悪と恐怖の経験を忘れてはならない。かって「汚らしいジャップ」と言われたものの口から「ユダヤの野郎」とか「怠け者のインディアン」と言う言葉を耳にすることがある。日系カナダ人が歩んできたいばらの道、又戦時中の苦しい思い出をわすれ

てしまい、人種偏見の加害者となったのでは今までの苦労が無駄になってしまう。今一度、私たち同胞が経てきた道を歩んでいる新移民の人々や、カナダ少数民族の人々と過去の経験や知識をわかちあう事により、はじめて日系カナダ人百年祭を心から祝うことが出来るのではないだろうか。」（日系カナダ人百年祭プロジェクト1978: 170)

註

1) 本稿は 2000 年 5 月 5 日_7 日、シアトルのワシントン大学における「北西太平洋岸北西部における日系の経験」で行なった報告に基づいている。「戦後日系カナダ人のアイデンティティ」のセッションを司会したE．パトリシア・ツルミ博士から文章にかんする編集上の助言をいただいた。さらに、共同報告者、ミッジ・アユカワ博士、カレン・コバヤシ博士からも励ましをいただいたことに感謝している。

2) 日本巡回は読売新聞の元写真記者で百年祭プロジェクトのメンバ_、大草則子（旧姓広田）が読売新聞（大阪支社）の多田氏と協力しながら実現したものである。

3) もうひとつの理由として、当時、住宅に関する国際博覧会「ハビタ_ト 76 」がバンク_バ_で開かれていたので、これを訪れる日本の報道関係者の関心を引くことも意図されていた。

4) 以上のようなコメントを寄せたのは全て日系人男性である。女性たちは展示にたいしてコメントを寄せるのを失礼と考えたのか、あるいは、恥ずかしがったのだろうか。

5) 第二次大戦に関する記憶や事実に関して、私たちにとってまだ終わっていないこと、驚きが残されている。多くの国々（たとえば、日本、ドイツ、そして最近ではスイス）や個人が新しい国民としてのアイデンティティを模索中である。世代の違いという要素がこのプロセスにさまざまな観点をもたらしている。 (Erlanger, Steven. "World War II's Unfinished Business" in The New York Times, Sunday, February 16, 1997, p. 14E.)

6) Symposium: the legacy of Bill Reid – a Critical Inquiry, November 13-14, 1999. UBC.

7) 詳しくは以下を参照。Sakata, Michiko 1977. "Tonari Gumi." Rikka, summmer, 1977, vol. 4, no.2: 4-11.

8) 詳しくは以下を参照。中国新聞社 1992. 『移民』143-146.

9) アメリカという表現は当時、カナダを指すのに用いられていた。多くの人々は両国を、すなわち、アメリカ合衆国とカナダ自治領とを区別していなかった。

引用文献

Adachi, R.

1985. Services to Japanese Canadians: An Analysis of the files of Tonari Gumi, the Japanese Community Volunteers Association. Unpublished research study paper submitted to Social Work 553 under Dr. Richard C. Nann, April.

Ayukawa, M. and P. Roy.

1999. Japanese. In P. R. Magocsi (ed.), Encyclopedia of Canada's Peoples, pp. 842-860. Toronto: University of Toronto Press.

Boudieu, P.

1994. Language and Symbolic Power. Cambridge, MA: Harvard University Press.

Hill, J. C.

1992. Contested Past and the Practice of Anthropology. American Anthropologist 94: 809-815.

Japanese Canadian Centennial Project（日系カナダ人百年祭プロジェクト）.

1978. A Dream of Riches: The Japanese Canadians 1877-1977（『千金の夢：日系カナダ人百年史』). Toronto: Gilchrist Wright.

Linton, R.

1936. The Study of Man. New York: Appleton-Century-Crofts.

Magocsi, P. R. ed.

1999. Encyclopedia of Canada's Peoples. Toronto: University of Toronto Press.

Olesen, V. L. and E. W. Whittaker.

1968. The Silent Dialogue: A Study in the Social Psychology of Professional Socialization. San Francisco: Jossey-Bass Inc.

Schutz, A.

1962. The Problem of Social Reality. The Hague: Martinus Nijhoff.

Shibata, Y.

1979. Issei Women and Their Experience in Canada. In Inalienable Rice: A Chinese and Japanese Anthology, pp. 13-16. Vancouver: Powell Street Revue and the Chinese Writers Workshop.

1980. Coping with Values in Conflict: Japanese Women in Canada. In Visible Minorities and Multiculturalism: Asians in Canada. K.V. Ujimoto and G. Hirabayashi. 257-276. Toronto: Butterworth.

1998. Shifting Japanese Canadian Identities: From the Life Narratives of Japanese Canadian Women. In Asia-Pacific and Canada: Images and Perspectives, A Collection of Essays Read at the Asia-Pacific Conference on Canadian Studies, the Japanese Association for Canadian Studies. 87-104.

Swartz, M.J.

1982. Cultural Sharing and Cultural Theory: Some Findings of a Five-Society Study. American Anthropologist 84: 314-338.

Watada, T.

To go for broke: the spirit of the 70s. Canadian Literature 163, winter: 80-91.

"...en concluant cette entente de réparation, l'Association nationale des canadiens d'origine japonaise (ANCOJ) veut rendre hommage à tous les canadiens qui ont partagé le rêve de justice en notre temps des canadiens d'origine japonaise".

September 22, 1988, National Association of Japanese Canadians press release

LE FARDEAU D'UNE « PROVINCE D'HOMMES BLANCS »

Michiko Midge Ayukawa, Ph.D.

Le 20 février 2001

L'expulsion des Canadiens japonais de la côte Ouest du Canada en 1942, la confiscation de leurs biens, le « rapatriement » de 4 000 d'entre eux et l'interdiction dans laquelle ils se sont trouvés jusqu'en 1949 de retourner en Colombie-Britannique semblent à beaucoup aujourd'hui inconcevables. Pourtant, ces événements ont constitué le point culminant de nombreuses années de rancoeur et de haine vis-à-vis de ces Asiatiques « inassimilables » qui s'étaient établis en Colombie-Britannique, « province d'hommes blancs ».

L'historienne Patricia Roy a étudié en profondeur le passé de la Colombie-Britannique et utilisé le terme ci-dessus pour qualifier la province; elle allègue que l'animosité des habitants de la Colombie-Britannique à l'égard des Asiatiques datait de 1858, année de création de la colonie de Colombie-Britannique, quand, attirés par la ruée vers l'or du fleuve Fraser, des Chinois sont apparus en Colombie-Britannique. L'attitude coloniale britannique de suprématie blanche se mêla bientôt à des conflits économiques quand les capitalistes, toujours désireux d'optimiser leurs bénéfices, se mirent à embaucher les Asiatiques à des salaires inférieurs à ceux de travailleurs blancs, exacerbant ainsi l'hostilité raciale. Les négociations et l'organisation des équipes de travail, les salaires et les logements étaient confiés à des « patrons » japonais. Il s'agissait en général d'hommes entreprenants ayant une connaissance pratique de la langue anglaise qui recrutaient les nouveaux immigrants venant de leur lieu d'origine. Il n'y a aucun doute que les entrepreneurs fournissaient un service précieux à leurs compatriotes qui, dépaysés, n'auraient pas su autrement comment survivre dans leur nouveau pays. De fait, beaucoup de ces « bienfaiteurs » étaient des hommes altruistes et bienveillants mais un certain nombre d'entre eux, moins scrupuleux, se sont beaucoup enrichis grâce aux services de vente d'alimentation et d'autres nécessités qu'ils assuraient dans les camps de travail. Ce système d'embauche et d'assurance des besoins aboutit à la formation de camps de bois, de scierie et de pêche purement japonais, séparés des autres, ce qui augmenta leur visibilité tout en faisant monter d'un cran la peur des blancs.

La colère et l'animosité atteignirent leur paroxysme parmi la population blanche lors des émeutes qui éclatèrent en septembre 1907 à Vancouver, quand une populace désordonnée attaqua Chinatown et le quartier japonais sur la rue Powell. Suivit alors l'Engagement d'Honneur de 1908 entre le Japon et le Canada qui limitait le nombre de personnes séjournant à 400. Cet accord entraîna un changement graduel dans la vie des immigrants japonais car beaucoup d'entre eux firent venir leur femme et s'ins-

tallèrent. Des communautés ségréguées se formèrent autour des anciens camps de travail. Ayant peu de contacts avec la population blanche, les Japonais perpétuèrent leur langue et leurs coutumes, et ce faisant, confirmèrent le préjugé des blancs selon lequel était impossible d'assimiler les Asiatiques.

Les travailleurs blancs sentaient que leur salaire et leur emploi étaient en péril tandis que les Japonais s'indignaient de la différence de salaire. En dépit de la situation, les travailleurs japonais ne pouvaient pas adhérer à un syndicat. En 1920, un groupe de militants ayant à sa tête Etsu Suzuki, journaliste idéaliste du Japon, créa le Japanese Labour Union. Les tensions montèrent au sein de la communauté japonaise, car si certains souffraient de l'injustice d'un salaire inférieur, beaucoup d'entre eux étaient déchirés entre la loyauté qu'ils devaient à leurs clients, à leur patron et à leur groupe communautaire. Les marchants s'alignèrent sur les « patrons », ce qui accéléra la fracture dans la communauté. Le Japanese Labour Union ne fut pas reconnu avant août 1927 quand il devint officiellement le Japanese Camp and Millworkers Union, section locale 31. Un petit pas en avant avait été réalisé, mais les travailleurs japonais n'étaient toujours pas acceptés dans les syndicats blancs.

De nombreux hommes japonais naturalisés pêchaient pour le compte des conserveries de saumon qui parsemaient l'estuaire du Fraser et la côte nord. À mesure qu'augmentait le nombre de pêcheurs japonais, s'aviva la rancoeur des pêcheurs blancs et autochtones. Sous la pression publique, le gouvernement diminua le nombre de licences de pêche accordées aux Japonais. Beaucoup d'entre eux considéraient la pêche comme un moyen de gagner l'argent nécessaire pour réaliser leur rêve d'acheter des terres et de se lancer dans l'agriculture, mais d'autres, qui auraient préféré continuer à pêcher, se tournèrent aussi vers l'agriculture. Beaucoup achetèrent des terres en friches dans la vallée du Bas-Fraser et ouvrirent des exploitations de petits fruits tandis que d'autres s'installèrent dans la vallée de l'Okanagan.

Dans le domaine agricole aussi, la haine raciste envers les immigrants japonais se développa. Des mouvements surgirent, militant pour faire adopter par le gouvernement de la Colombie-Britannique une législation similaire à celle des états côtiers des Etats-Unis, la Alien Land Law. Cette loi américaine interdisait aux « étrangers non admissibles à la citoyenneté » d'acheter des terres agricoles ou de les louer pendant plus de trois ans. Peu après, ces lois furent amendées pour interdire entièrement à un mineur né sur place de louer ou d'acheter des terres. Au Canada, grâce à l'initiative de quelques hommes astucieux de la communauté japonaise et à la formation d'une coopérative d'exploitants de petits fruits à laquelle adhéraient quelques exploitants blancs, l'adoption de ce type de loi fut évitée.

Toutefois, le racisme continuait à se manifester. Pour

séduire leur électorat, certains politiciens adoptaient périodiquement des lois qui allaient à l'encontre des droits des Asiatiques. Le consulat japonais, s'appuyant sur les Alliances anglo-japonaises de 1902 et de 1905, réussit à en faire annuler quelques unes, mais de nombreuses restrictions légales restaient en place. La privation du droit de vote fut celle qui eut les plus graves conséquences pour la communauté, car elle fragilisait les Canadiens japonais face à des politiciens sans scrupules cherchant à se faire élire sur la base de programmes racistes; elle empêchait aussi les enfants nés au Canada d'exercer certaines professions dans des domaines tels que le droit, la pharmacie et la comptabilité.

Pourtant, les Canadiens japonais avaient fait de grands efforts pour remédier à cette situation. Pendant la Première Guerre mondiale, environ 200 hommes japonais naturalisés, ne pouvant s'engager en Colombie-Britannique, s'étaient rendus en Alberta pour se porter volontaires dans l'armée canadienne. Cinquante soldats avaient trouvé la mort et beaucoup d'autres avaient été blessés. Après des années d'efforts pour obtenir le droit de vote, les vétérans avaient finalement atteint leur but en 1931.

Les Nisei nés au Canada qui arrivèrent à l'âge adulte dans les années trente, formèrent leur propre association, la Japanese Canadian Citizens' League en 1936. La discrimination publique et la ségrégation dans les restaurants, les théâtres et les piscines étaient des réalités personnellement douloureuses et humiliantes. Pourtant, cette association concentra son action sur son objectif principal qui était l'obtention de droits de citoyenneté intégraux. Une délégation de quatre personnes se rendit à Ottawa et fit une présentation devant le Special Committee on Elections and Franchise Acts réclamant le droit de vote au niveau fédéral en dépit des restrictions électorales en place dans la province de la Colombie-Britannique. En effet, s'ils n'avaient pas le droit de vote provincial, ils ne pouvaient pas l'obtenir au niveau fédéral. Ils échouèrent, mais les Nisei continuèrent la lutte. Ils établirent leur propre journal en langue anglaise afin de présenter leur point de vue aux anciens Issei ainsi qu'au reste de la population canadienne.

Pendant l'agression militaire du Japon dans les années trente, l'image publique des Canadiens japonais devint de plus en plus négative. Des rumeurs d'espions japonais, de subversion et d'invasion silencieuse circulaient. Cédant à la pression publique en 1941, la Gendarmerie Royale du Canada organisa l'enregistrement de tous les Japonais au Canada : citoyens japonais, citoyens naturalisés et Canadiens de naissance. Ils compilèrent aussi une liste de « suspects », principalement les leaders de la communauté, les directeurs d'école de langue japonaise et les hommes d'affaire maintenant des liens avec les grandes entreprises au Japon.

Le bombardement de Pearl Harbor le 7 décembre 1941 par le Japon et l'hystérie qui s'ensuivit donnèrent aux politiciens les outils qu'il fallait pour attiser la peur et la haine des Canadiens japonais. Ces politiciens présentèrent leurs arguments devant la Chambre des Communes et se montrèrent convaincants. Tous les citoyens d'origine japonaise furent désignés sujets d'un pays ennemi et expulsés de la côte Ouest du Canada. Peu après, leurs biens furent confisqués et vendus à des prix dérisoires, sans le consentement des propriétaires. En 1946 suivit le « rapatriement » de 4 000 d'entre eux et la dispersion du reste de la communauté dans tout le territoire canadien. En confisquant tous leurs biens et en continuant d'interdire l'accès de la côte Ouest du Canada aux Canadiens japonais jusqu'au 1er avril 1949, le gouvernement consomma la destruction complète de cette communauté ethnique.

LA DYNAMIQUE INTERNE DU RÉVEIL D'UNE COMMUNAUTÉ : LE MOUVEMENT CANADIEN-JAPONAIS POUR LE REDRESSEMENT

Roy Miki

Société canadienne d'études ethniques

Groupe de discussion sur le redressement avec Roger Daniels et Ann Sunahara

Calgary, le 17 octobre 1989

Le 22 septembre 1988, Brian Mulroney, Premier ministre, annonce devant le Parlement qu'une entente de redressement a été conclue avec l'Association Nationale des Canadiens Japonais dont les représentants se trouvent dans la galerie directement sous son regard. Un tonnerre d'applaudissement retentit. Après l'annonce du Premier ministre, le libéral Sergio Marchi et le néodémocrate Ed Broadbent prennent la parole pour expliquer l'importance de cet accord pour le pays. Ed Broadbent, dont la première femme est Canadienne-japonaise, hésite et sa voix tremble pendant sa lecture d'un extrait d'Obasan, le roman de Joy Kogawa sur l'internement, ses mots remplissant la salle, puis s'atténuant : « Il y a des cauchemars dont on ne se réveille pas, qui vous plongent dans un sommeil de plus en plus profond ... » (194). En face, faisant partie de la délégation de l'ANCJ, immobile, Joy Kogawa écoute intensément. Ce moment cérémonial constitue la reconnaissance officielle des injustices dont les Canadiens d'origine japonaise ont été victimes pendant les années quarante. Pour les Canadiens japonais, il s'agit d'un acte public nécessaire pour révéler les atrocités enfouies depuis si longtemps dans les archives de l'histoire de notre pays. Leur perspective avait été négocié dans l'entente et les mots les soulagent enfin du fardeau du passé :

« Pendant et après la Deuxième Guerre mondiale, les Canadiens d'origine japonaise, citoyens de notre pays, ont eu à souffrir des mesures sans précédents prises par le gouvernement du Canada et dirigées contre leur communauté.

En dépit des besoins militaires perçus à l'époque, le déplacement forcé et l'internement des Canadiens japonais pendant la Deuxième Guerre mondiale ainsi que leur déportation et leur expulsion au lendemain de la guerre étaient injustifiables. »

La reconnaissance continue en mentionnant les autres injustices, le dépouillement des droits, la dépossession, la dispersion. Jamais on ne pourra effacer la perte de dignité humaine, mais l'entente signée plus tard par le président de l'ANCJ Art Miki et le Premier ministre Mulroney aide à réaffirmer les principes démocratiques qui avaient été bafoués.

Pour comprendre la dynamique interne du groupe de Canadiens japonais qui réussit à accomplir le redressement, sujet dont je viens d'entreprendre la recherche en vue d'une étude documentaire sur le mouvement, nous devons nous rendre compte des ponts qui ont dû être bâtis avant qu'une campagne légitime puisse être lancée. Au début de la bataille politique en 1984, ce n'était nulle part plus évident que dans la désorganisation du conseil de l'ANCJ, l'organe directeur des représentants des centres canadiens-japonais dans tout le Canada. Les leaders des communautés disséminées n'avaient pratiquement aucune expérience du militantisme politique, de la pression politique et de l'organisation de campagnes. En outre, ils hésitaient à défier ouvertement l'autorité gouvernementale et à exposer leurs griefs devant le public canadien. Ces résidus psychologiques et émotionnels du passé se révélaient dans de longues discussions passionnées et créaient un climat de doute et de confusion, mais, pour une raison ou pour une autre, le désir prépondérant d'informer les autres de l'internement et de demander justice compensa le manque d'organisation.

Derrière cette poussée initiale se dissimulaient des années de direction passive quand l'ANCJ, nommée alors l'Association nationale des citoyens canadiens-japonais, avait perdu tout contact avec les communautés de base. Par exemple, au début des années quatre-vingts, quand l'idée de poursuivre une entente de redressement commençait à germer, les audiences tenues par le Congressional Redress for Japanese Americans avaient été largement diffusées. De ce côté-ci de la frontière, certains avaient soulevé les questions fondamentales : une telle action était-elle possible ici? Peut-être une commission d'enquête? Pourquoi n'organisons-nous pas de réunions communautaires dans tout le Canada? En outre, que faire en ce qui concerne les compensations individuelles? Au lieu d'explorer les conséquences étendues de ces questions et de bien d'autres, le Conseil de l'ANCJ était inactif, ou plutôt avait laissé le contrôle du Comité national pour le redressement à un petit clan de Toronto, loin des Canadiens japonais ordinaires qui eux, avaient directement subi les injustices.

L'histoire de la détérioration de l'autorité communautaire commença pendant la période qui suivit l'internement. À partir du début des années cinquante, se battant pour reconstruire leur vie dans des endroits inconnus, les Canadiens japonais refoulèrent la douleur des injustices en gardant le silence à propos de l'internement. L'objectif, pour eux, était alors de s'assimiler et d'oublier le passé, ce qui est une réaction compréhensible après avoir fait l'objet d'une grave discrimination pendant une décennie. Cette réaction se poursuivit dans les années soixante, bien que certains Sensei aient commencé à poser des questions sur la fracture dans leur histoire et la résistance de leurs parents à expliquer les atrocités de la guerre. Au milieu des années soixante-dix, toutefois, des histoires d'internement commencèrent à refaire surface, particulièrement en 1977, au moment où les Canadiens japonais se préparaient à célébrer le centenaire qui marquait l'arrivée du premier immigrant japonais, Manzo Nagano. On assista à une soudaine recrudescence d'activités culturelles et communautaires qui indiquaient un nouveau sentiment de fierté; il y eut quelques discussions sur le redressement, un Comité de redressement fut formé en 1978 lors d'une conférence de l'ANCCJ, mais aucun travail de base ne fut entrepris pour promouvoir la question et organiser les Canadiens japonais.

De fait, vers la fin des années soixante-dix, l'autorité communautaire se divisait entre les centres locaux ayant leurs organismes autonomes propres et l'organisme national qui était tombé dans un état d'inaction de 1955 à 1975, siégeant à Toronto pendant tout ce temps. L'écart qui divisait les affaires locales et les affaires nationales illustrait le fait que l'ANCCJ ne dérivait plus son autorité de la communauté. Prenant conscience de ce problème en 1980, on tenta de reformer l'ANCCJ en une association constituée par les centres locaux, chacun ayant son propre nom et sa constitution. C'est alors que l'ANCCJ devint l'ANCJ. Le changement de nom n'accomplit néanmoins pas la restructuration qui était nécessaire pour combler le fossé divisant les niveaux locaux et nationaux. Par conséquent, quand la question de redressement s'est brusquement posée au début des années 1980, l'autorité de l'ANCJ n'eut aucune influence sur la communauté canadienne-japonaise, c'est-à-dire sur les hommes et les femmes qui furent victimes de l'internement.

Pour compliquer la situation, au début de 1983, le président du Comité national de redressement de l'ANCJ qui était pendant ces années George Imai, sans consulter le conseil de l'ANCJ, annonça sa décision d'essayer d'obtenir une fondation communautaire en guise de réparations de la part du gouvernement libéral. Les documents se rapportant à cet incident ont d'ailleurs soi-disant disparus, pour des raisons qui semblent maintenant évidentes. Le chiffre de 50 millions de dollars pour la fondation avait été mentionné, mais les Canadiens japonais ne furent pas consultés sur cette proposition. Seule une infime minorité d'entre eux, faisant partie du cercle intime d'Imai, savait ce qui était prétendument fait en son nom. Même le président de l'ANCJ d'alors, Gordon Kadota, avait été surpris. Pour ceux qui désiraient faire de la campagne pour le redressement un acte éducatif, cette action était une trahison du processus démocratique au sein de la communauté. Les machinations politiques qui soustendaient les relations entre Imai et le gouvernement donnaient lieu à de multiples rumeurs et spéculations. Ce thème mérite qu'on y consacre davantage de recherche. Il est bien possible que George Imai ait mis au point un stratagème pour conclure une entente sans en informer le Conseil de l'ANCJ. Il avait des relations importantes et connues dans le gouvernement libéral et avait reçu une subvention gouvernementale de plus de 100 000 de dollars expressément pour faire accepter sa proposition de fondation communautaire par les Canadiens japonais

(par un questionnaire) et le Conseil de l'ANCJ (lors d'une conférence nationale organisée à cette fin).

Heureusement, ce plan échoua quand les Canadiens japonais des diverses communautés locales dans tout le Canada s'indignèrent de ce que la question de redressement soit réglée avant même qu'elle ait pu se poser. Pendant la plus grande partie de 1983, l'ANCJ fut déchirée par des discussions passionnées concernant le pouvoir qui aurait dû être confié au président de l'ANCJ et au Conseil, qui à leur tour aurait dû être responsable devant l'entière communauté canadienne-japonaise. Malgré l'état de désorganisation de l'ANCJ, les protestations furent assez fortes pour remettre en question l'autorité de George Imai. Son pouvoir fut révoqué au Conseil de l'ANCJ en janvier 1984 à Winnipeg et le président actuel de l'ANCJ, Art Miki, fut élu. Le choc du scandale d'Imai, bien que destructif pour les membres du Conseil de l'ANCJ, les aida à se sensibiliser à la complexité de la question du redressement; il fallait que beaucoup plus de Canadiens japonais prennent part au mouvement de revendication. C'est à compter de janvier 1985 que le travail nécessaire pour transformer l'ANCJ en un organisme représentatif et monter une campagne éducative et politique pour le redressement démarra sérieusement.

Puisque le mouvement démarra au sein de l'ANCJ, malgré les luttes de pouvoir et la controverse, la plupart des Canadiens japonais ne savaient presque rien et n'envisageaient pas la question du redressement sous l'angle des droits de la personne. Bien qu'ils aient subi l'internement, ils n'étaient pas conscients de l'existence de documents gouvernementaux devenus récemment accessibles, prouvant que le déracinement avait été le résultat de racisme et ne constituait pas une mesure militaire nécessaire. De fait, beaucoup d'entre eux ne connaissaient pas la « politique de racisme » (pour reprendre l'expression utilisée par Ann Sunahara dans son étude sur l'internement) qui était à l'origine du traitement que le gouvernement des années quarante leur avait fait subir. Ils n'avaient jamais osé remettre en question les politiques qui avaient mené à l'internement. Pour eux, le syndrome de la victime, se taire et ne poser aucune question, était devenu un état d'esprit habituel.

C'est alors que la vague initiale de fascination pour le redressement qui s'était répandue rapidement dans les communautés, au lieu de gagner du terrain de manière positive, fut à l'origine de ravages et de bouleversements émotionnels. La passivité et l'immobilisme, caractéristiques de la communauté lors des 30 dernières années, firent place à une cacophonie de voix et d'opinions contraires. D'un côté, certains craignaient les perturbations et se détournaient, choisissant le silence plutôt que le débat. De l'autre, quelques personnes qui pendant des années ne s'étaient jamais intéressées à la politique communautaire sortirent de leur solitude et se lancèrent dans la bataille. Beaucoup observaient avec un mélange d'excitation, de curiosité, de cynisme, d'incrédulité, d'anxiété et d'inquiétude. Dans le cadre de cette conférence, je ne peux pas décrire adéquatement les différents aspects de ce moment de prise de conscience, mais pour comprendre pourquoi il a été qualifié de « réveil », il faut se reporter de nouveau aux mesures d'oppression prises par le gouvernement environ quarante ans auparavant dans un effort d'effacer l'identité des Canadiens japonais.

Quatre août 1944 : ce jour-là au Parlement, le Premier ministre Mackenzie King annonça la prétendue solution de son gouvernement au racisme subi par les Canadiens japonais : la dispersion. Déjà déracinés pendant plus de deux ans, leurs maisons, leurs propriétés et leurs possessions ayant été placées sous séquestre par le Responsable du séquestre puis vendues, leur communauté de la côte Ouest du Canada détruite par l'attaque systématique du gouvernement, les Canadiens japonais avaient été dépouillés de tout ce qui avait de la valeur, y compris de leur dignité humaine et de leur liberté. Le gouvernement les avait même forcés à payer leur propre internement avec les fonds recueillis par le Responsable du séquestre après la vente de leurs biens confisqués. Maintenant, ils étaient au bord d'un deuxième déracinement.

Avant l'essor du mouvement pour le redressement, peu de Canadiens savaient que le Responsable du séquestre gardait des comptes précis pour chaque personne et leur distribuait parcimonieusement une allocation de subsistance provenant de leurs propres fonds. Cet argent devait être épuisé avant que le gouvernement ne consente à leur fournir la moindre aide financière. Un exemple reflète une des nombreuses injustices personnelles auxquelles ce système donnait lieu. Une famille de Canadiens japonais avait été envoyée en Alberta pour cultiver la betterave à sucre mais eut la malchance d'être placée chez un fermier dont l'exploitation perdait de l'argent. À la fin de la saison, le fermier refusa de payer le salaire de misère qu'il lui devait et fit une demande d'aide au gouvernement à la place. La BC Security Commission permit au Responsable du séquestre de puiser dans le compte de la famille pour payer les salaires. Les membres de cette famille avaient durement travaillé pendant un an, pensant qu'ils pourraient gagner un peu d'argent leur permettant de gagner l'est du Canada et se trouvèrent dans l'obligation de se payer eux-mêmes. Ces injustices ont souvent été racontées mais elles sont très difficiles, dans certains cas impossibles, à documenter correctement parce que les décisions des représentants gouvernementaux étaient simplement prises de manière ponctuelle. Les Canadiens japonais étaient sans pouvoir contre ces attaques. Identifiés comme sujets d'un pays ennemi, dépouillés de leurs droits, il étaient (d'après les mots de Muriel Kitagawa dans une lettre adressée à son frère Wes Fujiwara, pendant le déracinement) « la proie toute trouvée des loups déguisés en habits démocratiques ». (91)

Être continuellement victime de discrimination laisse de graves séquelles; les Canadiens japonais n'étaient pas

différents. Les rapports gouvernementaux de propagande pouvaient bien insister sur le fait que les Canadiens japonais prospéraient pendant l'internement, mais ils ne mentionnaient pas la mort d'un bébé dans une des innombrables cabanes qui abritaient des familles entières dans les exploitations de betterave à sucre. Ils passent sous silence l'attaque du pêcheur japonais par des pêcheurs blancs alors qu'il essayait de rentrer chez lui pour rejoindre sa famille et qu'il mourut à l'hôpital. Les rapports ignorent les personnes âgées qui s'affaiblissaient rapidement et qui mouraient à cause des conditions de vie déplorables dans les camps d'internement et les exploitations de betteraves à sucre et ne disent mot de la vie très dure dans les Prairies, des hivers rigoureux dans des cabanes aux murs sans isolation. Ils restaient silencieux sur l'angoisse émotionnelle, la tension, la terreur de l'avenir comme bouc émissaire dans un pays raciste. En un mot, les rapports ne nous disent rien sur les victimes elles-mêmes.

Revenons au Premier ministre King qui se lève devant le Parlement pour formuler la politique de son gouvernement en mots officiels et pragmatiques : « La politique logique, la meilleure politique pour les Canadiens japonais eux-mêmes consiste à les disséminer autant que possible dans l'ensemble du pays de sorte que leur présence ne donne plus lieu à des réactions d'hostilité raciale ». (5917). Pour Mackenzie King, le racisme est causé par la visibilité de la victime si celle-ci n'est pas blanche. Dispersés en petits nombres dans tout le Canada, les Canadiens japonais deviendraient invisibles en tant que groupe et cesseraient ainsi de causer des « réactions d'hostilité raciale » chez les Canadiens. Bien sûr, dans cette logique faussée, la dispersion forcée de la côte Ouest se faisait pour le bien des victimes. Quelques lignes plus bas, néanmoins, le discours de King exprimait aussi une menace à peine voilée. Son gouvernement envisageait d'établir une « commission quasi judiciaire qui examinera l'histoire, les loyautés et les attitudes de toutes les personnes de race japonaise au Canada pour veiller à ce que seules, les personnes honorables soient autorisées à rester ici ». (5916).

Pour les Canadiens japonais qui avaient déjà fait l'objet de toute une série de mesures discriminatoires, le message était clair comme de l'eau de source : conformez-vous à la politique de dispersion ou vous serez jugé déloyal et risquerez la déportation. La commission quasi judiciaire n'a jamais été établie, peut-être parce que cela aurait été une mesure trop ouvertement raciste, même pour King, mais au printemps de 1945, le gouvernement fut à l'origine d'une autre proposition sans issue conçue pour faire respecter la dispersion. La gendarmerie et le ministère du Travail demandèrent aux Canadiens japonais internés de choisir entre le rapatriement au Japon (euphémisme pour exil et déportation) ou la dispersion à l'est des montagnes Rocheuses. De toute évidence, les Canadiens japonais n'eurent pas de véritable choix puisqu'on leur demandait soit de partir du Canada soit de partir de la Colombie-

Britannique, le véritable objectif étant de les empêcher de revenir sur la Côte pour y reconstruire leur vie et leur communauté.

Si la politique de dispersion de King n'a pas été une réussite totale, elle a cependant eu suffisamment de succès pour modifier de manière permanente les courbes démographiques de la communauté canadienne-japonaise. Même un rapide coup d'œil aux distributions de la population canadienne-japonaise en 1941, soit juste avant le déracinement en masse et en 1951, soit cinq ou six ans après la dispersion, indique clairement les résultats de la politique gouvernementale. Puisque plus de 90 % de la communauté vivait dans la zone protégée désignée d'où ils ont été chassés en 1942, le changement le plus évident se produisit en Colombie-Britannique où la population canadienne-japonaise tomba de 11 096 à 7 169. La population de l'Ontario, en revanche, passa de 234 à 8 581. En conséquence directe des projets gouvernementaux de travail dans la culture de la betterave à sucre, la population de l'Alberta augmenta de 578 à 3,336, et celle du Manitoba de 42 à 1 161. Les pressions gouvernementales pour les réinstaller au Québec firent passer leur nombre de 48 à 1 137. En outre, la population canadienne-japonaise a diminué en 1946 quand 3 964 personnes ont été déportées au Japon (A. Kobayashi 6; Sunahara 173). Les caractéristiques de la distribution géographique établies pendant ces années se conservèrent dans la composition démographique actuelle de la communauté canadienne-japonaise.

La dispersion avait éliminé la complexité homogène des communautés canadiennes-japonaises de la côte Ouest et plus tard entraîna la croissance de communautés canadiennes-japonaises hautement développées dans les diverses villes canadiennes où les Canadiens japonais s'établirent pendant les années d'après-guerre. Pendant ces événements, l'ancien modèle de direction se désintégra. La génération des Issei, anciennement si puissante et qui gouvernait à l'ancienne, traditionnelle et autocratique, perdit son pouvoir sur la communauté dispersée. À sa place, dépourvus de leurs institutions sociales et culturelles et réinstallés dans des villes étrangères, ils dépendaient de leurs enfants nisei, nés au Canada, qui parlaient anglais couramment. Pendant le déplacement en masse, la génération des Nisei avait atteint l'âge adulte et fut forcée d'assumer les responsabilités de la direction. Comme l'équilibre du pouvoir changeait des Issei à leurs enfants, qui, de par leur éducation, croyaient à la démocratie canadienne, il revint aux Nisei de former un organisme national qui donnerait à leur communauté éclatée un véhicule par le biais duquel ils pourraient défendre leurs droits et réclamer réparation (mot utilisé alors pour « redressement »). La NJCCA fut constituée en septembre 1947 à Toronto, avec des représentants de tout le Canada. À cette époque, les Canadiens japonais n'avaient toujours pas obtenu le droit de vote (ils ne l'obtiendraient pas avant 1948, 1949 en Colombie-

Britannique), ce qui explique l'utilisation du terme Citoyens dans le titre, la volonté de renverser les barrières racistes qui les empêchaient de devenir Canadiens à part entière formant l'impulsion dominante de leurs efforts politiques.

L'écrivain Muriel Kitagawa, parlant de sa génération, se rappelait que « les Nisei ont atteint leur maturité » au milieu des bouleversements catastrophiques causés par la dispersion (220). L'effritement de la hiérarchie d'avant-guerre eut toutefois d'autres effets préjudiciables à long terme dans l'ensemble de la communauté canadienne-japonaise. Dispersés dans un pays où ils souffraient de racisme et d'opprobre, ils commencèrent une double vie; ils maintinrent certains des liens communautaires qui leur étaient habituels en Colombie-Britannique mais firent en même temps un effort conscient, et même parfois extrême, pour s'assimiler dans leur quartier blanc. Les Nisei renforcèrent ce dernier choix; ils encouragèrent leurs enfants sansei, génération d'après-guerre, à se fondre dans la majorité en leur inculquant avec insistance les valeurs de la classe moyenne. Leur assise économique ainsi que celle de leur famille ayant été détruite par la confiscation de leurs propriétés et de leurs biens par le Séquestre des biens ennemis, l'éducation devint le véhicule de choix pour rétablir à la fois leur dignité et leur stabilité économique. Une éducation universitaire était considérée comme un objectif de choix pour les Sansei, probablement parce que beaucoup de Nisei en avaient été privés, soit à cause de barrières racistes, soit en raison des bouleversements et de la pauvreté des années de guerre. L'élan pour l'assimilation et l'entrée des Sansei dans les professions par le biais d'études universitaires sont extrêmement évidents dans un rapport démographique publié récemment par Audrey Kobayashi, basé sur le recensement de 1986.

Dans le groupe d'âge de 25 à 44 ans (génération de Sansei née entre 1942 et 1961), presque 25 % sont titulaires d'un baccalauréat, comparé à la moyenne canadienne de 10 %. Parmi la génération des Nisei, les chiffres sont bien plus bas : environ 11 % parmi le groupe d'âge des Nisei les plus jeunes de 45 à 54 ans (nés entre 1932 et 1941); 6 % dans le groupe d'âge de 55 à 64 ans (nés entre 1922 et 1931) et 3 % dans le groupe d'âge de 65 à 74 ans (nés entre 1912 et 1921), le groupe qui avait des enfants sansei pendant les années quarante et cinquante (A. Kobayashi, 40). Une éducation universitaire offre un degré supérieur de mobilité sociale. Elle a aussi entraîné une rapide augmentation de mariages mixtes pour les plus jeunes Nisei et les Sansei. Kobayashi confirme dans son rapport ce que les Canadiens japonais ont constaté par observation : que « les unions entre Canadiens japonais et partenaires d'autres origines ethniques constituent à l'heure actuelle plus de 90 pour cent de tous les mariages » (2). Le fait essentiel est que le taux de mariages des Sansei est directement inverse à celui de leurs parents nisei et que cette inversion est, en grande mesure, un des résultats directs de la politique gouvernementale de dispersion.

Sous ces chiffres abstraits, toutefois, on peut dresser un profil émotionnel et psychologique dont aucun tableau statistique ne peut rendre compte. Déplacement forcé, dépossession, traumatisme d'être déclaré « sujet d'un pays ennemi » et perte des libertés fondamentales : ces agressions sur la conscience des Canadiens japonais transparaissaient dans deux formules qui sont devenues des clichés au sein de la communauté mais qui ensemble, aident à rendre compte de la situation de double impasse que les Canadiens japonais n'ont pas pu résoudre dans le passé et qui ont finalement entraîné le silence et l'acquiescement. Une des expressions toute faite était « shikata ga nai » qui a de grandes connotations affectives pour les Canadiens japonais plus âgés mais qui littéralement signifie « on ne peut rien y faire ». Comme énoncé philosophique, cette expression représente une manière d'accepter les problèmes et les injustices comme inévitables, comme produits d'un processus cosmique beaucoup plus fort que la volonté humaine individuelle. Néanmoins, ce qui peut être considéré comme sagesse humaine (la résignation à l'existence) dans certains systèmes de croyances, peut aussi servir de mécanisme d'autodéfense chez les victimes.

Un profond sentiment d'impuissance entraîne un état de détresse qui à son tour produit l'acceptation comme unique moyen de survie. L'autre expression toute faite, celle-ci en anglais était « blessing in disguise », un bien pour un mal. Dans le contexte de l'internement, il s'agissait là d'une rationalisation des injustices : le déplacement et la dispersion avaient peut-être détruit la communauté insulaire en Colombie-Britannique mais ils avaient accéléré l'assimilation des Canadiens japonais. Dans cette perspective, la misère et les privations, aussi atroces qu'elles aient été, obligèrent les Canadiens japonais à se battre pour reconstruire leur vie, éparpillés dans tout le Canada et, ce faisant, leur permirent finalement de s'assimiler et de réussir dans la société majoritaire.

D'une certaine manière, ces expressions expliquent les attitudes et les perceptions qui aidèrent les Canadiens japonais à reconstruire leur vie et à gravir les échelons de la société pendant les années d'après-guerre, exception faite bien entendu de la grande majorité des personnes âgées qui, ayant perdu tous leurs biens, connurent un déclin irrémédiable. Pour les Canadiens japonais assez jeunes pour combattre, cependant, l'adversité sembla déclencher en eux une volonté de survivre et une détermination de réussir dans cette même société blanche qui les avait rejetés et diffamés. Cette volonté était renforcée par le gaman, l'endurance, valeur traditionnelle que les Issei eurent amples occasions d'inculquer aux Nisei, face aux privations qu'ils durent affronter lors des premières années d'après-guerre. Selon les paroles pleines de vérité d'un Canadien japonais qui repensait aux privations de cette période :

« L'instinct de survie est devenu la chose la plus importante. Pour être accepté comme égal, vous deviez travailler deux fois plus dur, que ce soit à l'école ou au travail. Pour moi, c'était une lutte constante. Il n'était pas question d'être médiocre ou de se relâcher au travail. Vos parents vous disaient : ne prends pas une minute de plus que ce qui est autorisé pour la pause-café. Pour moi, la fin de la journée était à 5 heures et demie. Parfois, j'enviais ceux qui étaient dans l'ascenseur à 5 heures. » (Spirit of Redress 97)

Cependant, ce qui apparaît positif d'un certain angle, dans ce cas le désir de s'imposer par le travail, pouvait aussi d'un point de vue plus négatif déguiser le fait qu'il faudrait tôt ou tard faire face aux injustices de l'internement. Pour de nombreux Canadiens japonais, puisque le gouvernement n'avait jamais reconnu les injustices, leur innocence n'avait jamais été publiquement déclarée, ce qui voulait dire qu'ils étaient donc toujours censés être coupables. Mais coupables de quoi? Leur conscience d'être libres n'avait pas apaisé les sentiments intérieurs de culpabilité d'avoir, d'une manière ou d'une autre, attiré la colère des Canadiens sur leur tête. Ils avaient donc ainsi intériorisé la politique même que le Premier ministre Mackenzie King leur avait imposée en août 1944. Comble d'ironie, la peur sous-jacente du racisme et de la discrimination sociale les transformèrent en citoyens modèles.

Au début des années quatre-vingts, quand la question de redressement commença à prendre racine au sein de leur communauté, les Canadiens japonais moyens réagirent selon deux lignes opposées, les deux prenant leur source dans les événements des années quarante. Certains s'engagèrent dans une lutte tardive pour la justice, visant à réparer les torts qui leur avaient été faits, tandis que d'autres s'opposèrent à ce mouvement, effrayés de déclencher un choc en retour chez les Canadiens blancs. Par exemple, lors d'une réunion, beaucoup de personnes âgées craignaient que le gouvernement se venge en supprimant leur pension de vieillesse. Un tel réflexe conditionné est compréhensible, compte tenu des injustices subies dans le passé, mais cette peur mettait aussi en lumière le fait que, malgré les apparences, les blessures de l'internement étaient encore à vif.

La question du redressement a obligé les Canadiens japonais de partout au Canada, jeunes et vieux, à prendre part au difficile travail de remplacer le silence qui avait dominé leur vie par des paroles. Par exemple, dans la région de Vancouver en 1984, une série de réunions dans des maisons privées furent organisées pour encourager la participation de ceux qui n'allaient jamais aux réunions publiques, étant soit réticents à être vus dans une réunion politique, soit effrayés d'avoir à se souvenir de leurs expériences du temps de guerre. Dans l'atmosphère moins menaçante d'une maison privée, de petits groupes d'amis, de proches et de voisins pouvaient se réunir pour se raconter des histoires personnelles et exprimer leurs vues concernant la question du redressement. Beaucoup de ces réunions étaient des événements chargés d'émotion pour les Canadiens japonais; ceux qui avaient gardé le silence sur la souffrance de l'internement commencèrent finalement à parler. On vit des cas où des Nisei, en présence de leurs enfants sansei racontèrent des détails de leur vie jamais mentionnés auparavant. Un de ces enfants subit le choc d'apprendre qu'elle avait été incarcérée avec sa mère dans les stalles d'étables de Hastings Park.

Entre 1984 et 1986, un nombre croissant de Canadiens japonais se mirent à raconter leur histoire plus ouvertement. On assista alors à une recrudescence d'articles de journaux, d'émissions de radio et de télévision; il n'y eut jamais assez de personnes consentant à prendre la parole devant les médias, mais assez le firent pour faire changer les choses. La communauté se réveillait. En même temps, l'ANCJ lança une campagne d'information basée sur les archives du gouvernement qui prouvaient sans l'ombre d'un doute que les chefs militaires d'alors ainsi que la GRC s'étaient opposés à l'internement comme mesure de sécurité. Les Canadiens japonais eurent les preuves concrètes que le déplacement était une mesure politique conçue pour apaiser les politiciens racistes qui avaient profité de la guerre pour attaquer la communauté canadienne-japonaise. L'expérience personnelle des Canadiens japonais les avait rendus très conscients du racisme, mais la découverte de l'existence de ces documents leur donna la confiance en eux, ce dont ils avaient besoin pour s'impliquer dans le mouvement de revendication.

Au cours de la phase initiale du mouvement pour le redressement, aucun projet n'a peut-être capturé autant la conscience grandissante des Canadiens japonais que le mémoire pour le redressement intitulé Democracy Betrayed: The Case for Redress, présenté au gouvernement le 21 novembre 1984. Ce mémoire, rédigé par le Comité du mémoire de l'ANCJ pendant le printemps et l'été, incorporait les documents pertinents des archives gouvernementales pour plaider la cause du redressement. Là, finalement, l'ANCJ put présenter les voix des Canadiens japonais qui demandaient justice de leur propre perspective et dans leur propre langue. Le mémoire fut un acte de contrôle de destinée et de libération, mais aussi le premier défi lancé au gouvernement depuis l'internement. Le 21 novembre 1984 n'était que le lancement d'une campagne politique rigoureuse, mais le pont qui avait été jeté entre le passé et le présent permit au mouvement pour le redressement de prendre son essor.

Au cours des quatre années qui suivirent, des couches de plus en plus profondes de la mémoire de la communauté furent exposées, à mesure qu'il fallut faire face aux anciennes barrières, et il y en avait tant : abnégation de soi, méfiance, peur des représailles, peur de la visibilité, malaise par rapport à toute activité politique. Les Canadiens japonais qui participèrent à la bataille durent lutter contre des résistances internes très profondes dont les racines remontaient aux années noires.

Une des questions qui mit clairement en lumière la complexité des conflits internes fut le choix qu'il fallut faire entre compensations collectives ou compensations individuelles. Bien sûr, les réparations collectives étaient l'approche comportant le moins de risques puisque non seulement elle exigerait un montant moindre de réparation totale, mais aussi serait moins menaçante pour les Canadiens japonais qui désiraient éviter la lutte pour les droits individuels. Ce paradoxe enraciné dans les années où ils furent victimes a été clairement exprimé dans la déclaration de principe sur les réparations collectives présentée par George Imai quand il était encore à la tête du Comité national pour le redressement de l'ANCJ. Les réparations collectives, plaidait-il, sont plus appropriées car les Canadiens japonais furent internés en groupe. Bien sûr, cette déclaration omettait de considérer que la violation des droits de citoyenneté s'est précisément produite parce que les Canadiens japonais avaient été traités sur la base de leur origine raciale et non en tant que personnes. Dans ce sens, les réparations collectives en elles-mêmes n'accompliraient rien de plus que renforcer l'injustice commise à l'origine. L'approche démocratique, donc celle qui fut adoptée par l'ANCJ, se base sur la violation des droits de la personne. Mais l'assertion de droits individuels va à l'encontre de la manière de penser de beaucoup de Canadiens japonais, conditionnés à préserver l'assimilation et l'invisibilité. Apprendre aux Canadiens japonais à croire en eux-mêmes en tant que Canadiens individuels fut une tâche complexe pour l'ANCJ, surtout face à des Canadiens japonais réactionnaires souhaitant réprimer leur individualité par des répartitions collectives. Seule une campagne à la base pouvait atteindre cet objectif.

Pendant 1985 et 1986, plusieurs réunions frustrantes avec le gouvernement furent étalées en public par les média. Le travail de l'ANCJ consista à organiser des réunions communautaires débattant des réparations pour définir les principes directeurs qui guideraient les négociations avec le gouvernement. Il tenta en même temps de quantifier les pertes subies pendant la guerre en retenant les services du prestigieux cabinet d'experts-comptables Price Waterhouse dont le mandat consistait à faire une étude des pertes économiques subies, basée sur les énormes dossiers du Séquestre des biens ennemis. Les chercheurs de Price Waterhouse travaillèrent pendant toute la fin de 1985 et terminèrent leur travail en mai 1986. Simultanément, l'ANCJ distribuait un questionnaire dans la communauté pour formuler une proposition de règlement. L'étude de Price Waterhouse, qui révélait un chiffre de pertes économiques de 443 millions de dollars uniquement pour les propriétés et les revenus, coïncida par hasard, mais avec de grandes répercussions, avec l'enquête auprès de la communauté qui donna le feu vert à la négociation d'un règlement global comprenant des réparations aux personnes ainsi qu'à la communauté. Les deux événements simultanés donnèrent aux Canadiens japonais une image très positive d'eux-mêmes. D'un côté, ils avaient produit une étude des pertes économiques résultant de l'internement qui informait le public, en termes de comptabilité clairs et nets, des pertes matérielles importantes subies pendant l'internement et de l'autre, l'ANCJ reçut un mandat sans équivoque de la part de la communauté de base. En mai 1986, lors d'une réunion du Conseil à Winnipeg, l'ANCJ présenta finalement au gouvernement son document exposant les principes d'un règlement négocié comportant trois volets principaux (partie postérieure du règlement de septembre 1988) : une reconnaissance officielle des torts subis, des réparations de 50 millions à des fins communautaires et de 25 000 dollars par victime des injustices et la mise en place de mesures de prévention pour la protection à venir des droits de la personne. Dans la perspective des Canadiens japonais, la seconde phase, la plus importante du mouvement pour les réparations, avait été menée à bien.

Malgré la réponse négative d'Otto Jelinek, ministre du Multiculturalisme, l'ANCJ avait finalement réussi à exprimer un principe de base qui reflétait l'attitude collective, heureusement soutenue par les médias. De mai 1986 au jour de règlement le 22 septembre 1988, les deux dernières années de la campagne, l'ANCJ put se consacrer plus directement à la sphère politique afin de renforcer sa pression politique sur le gouvernement. Otto Jelinek fut remplacé par David Crombie qui devait tergiverser une autre année avant de rejeter les réparations individuelles. Crombie fut à son tour remplacé par un autre ministre du Multiculturalisme, Gerry Weiner. La lutte politique fut rigoureuse, compte tenu de nos maigres ressources et du fait que tout le travail était fait par des bénévoles. Plusieurs fois, la tension devint presque insupportable; à ces moments, l'ANCJ subissait des pressions à la fois internes et externes, pour l'obliger à transiger sur sa demande de réparations personnelles.

Entre la fin de 1987 et le printemps de 1988, après avoir échoué à résoudre la question avec trois ministres du Multiculturalisme, quand de fait, il semblait bien que nous allions devoir commencer à organiser nos élections, contre toute attente, la campagne de l'ANCJ a soudain pris de la vitesse. Créée comme moyen d'unifier le soutien de la part des Canadiens, la National Coalition for JC Redress, s'est rapidement développée à mesure que de nombreuses personnes proéminentes, organismes à caractère ethnique, syndicats, organismes de défense des droits de la personne et organismes religieux se sont mis à soutenir la demande de l'ANCJ pour un règlement négocié. La caution étendue de l'ANCJ, renforcée lors d'une série de rassemblements publics dans l'ensemble du Canada, était un signe évident que le public canadien était en faveur d'un règlement juste et négocié pour les Canadiens japonais. Cette phase finale de la campagne pour les réparations a en fait atteint son point culminant lors d'un rassemblement très animé sur la colline du Parlement le 14 avril 1988. Plus de 500 Canadiens japonais, la plupart d'entre eux des personnes âgées internées pendant les années quarante, ont organisé une marche sur Ottawa, portant

des banderoles et demandant justice. Les Canadiens japonais, antérieurement passifs, exerçaient finalement leurs droits démocratiques de protester au seuil même du siège du gouvernement. Le rassemblement concordait avec la nouvelle conscience politique des Canadiens japonais; même si le gouvernement refusait de résoudre la question, ils étaient au moins parvenus à raconter leur histoire.

Entre temps, aux États-Unis, le mouvement de réparations pour les Américains japonais entrait dans sa dernière étape politique quand, en Septembre 1987, la House of Représentatives adopta un projet de loi devant accorder un montant de 20 000 $ à chaque Américain japonais incarcéré pendant la Seconde guerre mondiale. En outre, en avril 1988, juste après le rassemblement de l'ANCJ sur la colline du Parlement, le Sénat des États-Unis adoptait le projet de loi que le Président Reagan ratifia en août. Heureusement, David Crombie fut remplacé par Gerry Weiner, ministre du Multiculturalisme qui voulut bien écouter et négocier avec l'ANCJ.

Cette conférence ne fait qu'esquisser le mouvement pour les réparations. Les détails seront incorporés dans un livre que je projette d'écrire. En guise de conclusion, toutefois, je reviendrai à ce réveil qui rendit le règlement non seulement possible mais inévitable. La dispersion ne pouvait pas être annulée bien sûr, mais l'ANCJ réussit à contrebalancer ses effets en se transformant d'un organisme peu structuré en un véhicule de représentation efficace pour les Canadiens japonais. Les « shikata ga nai » et « blessing in disguise » sont des attitudes d'esprit qui disparurent lentement et perdirent leur puissance quand les Canadiens japonais commencèrent à prendre conscience du fait qu'il était possible de former l'opinion publique par des campagnes d'information bien pensées. Ils parcoururent la distance entre le titre de la déclaration de principe Democracy Betrayed en novembre 1984 au titre du dernier pamphlet de la campagne en mars 1988 intitulé Justice in Our Time. Le pont avait été jeté et le passé modifié à tout jamais.

En bref, j'aimerais partager avec vous les résultats d'un sondage d'opinion effectué par Environics pour le compte du Laurier Institute de Vancouver. Dans une partie du sondage, on demandait aux Canadiens leur réaction par rapport aux réparations pour les Canadiens japonais. Plus de 72 % étaient au courant des plans gouvernementaux de redressement pour les Canadiens japonais; en Colombie-Britannique, le chiffre passait à 91 %. Quand on leur demandait s'ils approuvaient l'action du gouvernement dans ce domaine, 76 % d'entre eux répondaient affirmativement. En ce qui concerne les dispositions adoptées, 52 % étaient pour, 34 % contre. Il est intéressant de constater que lorsqu'on leur demandait les raisons pour lesquelles ils étaient contre, 21 % seulement répondaient que le montant était trop élevé et 12 % que les Canadiens japonais ne méritaient pas de réparations. Toutefois, 13 % déclaraient que le montant n'était pas assez élevé et 19 % ajoutaient que les victimes d'autres injustices devaient aussi être dédommagées. Il devint évident que les réparations pour les Canadiens japonais avaient reçu l'attention des médias et que, de manière générale, elles avaient été bien acceptées par tous les Canadiens.

Ouvrages cités :

KING, WILLIAM LYON MACKENZIE. Débats, Chambre des Communes, 4 août 1944.

KITAGAWA, MURIEL. This Is My Own: Letters to Wes and Other Writings on Japanese Canadians, 1941-1949, Ed. Roy Miki, Talonbooks, Vancouver, 1985.

KOBAYASHI, CASSAN-DRA et ROY MIKI, eds. Spirit of Redress: Japanese Canadians in Conference, JC Publications, Vancouver, 1989.

KOBAYASHI, AUDREY. A Demographic Profile of Japanese Canadians and Social Implications for the Future, Secrétariat d'État, Ottawa, 1989.

KOGAWA, JOY. Obasan, Penguin, Toronto, 1983.

COMITÉ NATIONAL POUR LE REDRESSE-MENT. Association nationale des Canadiens japonais. [Déclaration de principe sur les com-pensations], présenté par George Imai, Convention nationale, Winnipeg, janvier 1984.

ASSOCIATION NATIONALE DES CANA-DIENS JAPONAIS. Democracy Betrayed: The Case for Redress, ANCJ, Winnipeg, 1984.

ASSOCIATION NATIONALE DES CANA-DIENS JAPONAIS. Economic Losses of Japanese Canadians After 1941: A Study Conducted by Price Waterhouse, ANCJ, Winnipeg, 1985.

SUNAHARA, ANN. The Politics of Racism: The Uprooting of Japanese Canadians During the Second World War, Lorimer, Toronto, 1981.

LA TRANSMISSION CULTURELLE : LA PERSPECTIVE D'UNE FEMME SHIN-ISSEI [1]

Yuko Shibata

Dans ce document, j'examine le rôle que les immigrants d'après-guerre ont joué dans la formation de la communauté canadienne-japonaise de Vancouver. Cette étude se présente sous forme biographique et auto-ethnographique puisque, en tant que femme nikkei, j'y retrace mon parcours personnel d'étudiante invitée et de citoyenne japonaise s'adaptant à la culture canadienne. Elle se base autant sur ma recherche que sur mon évolution en tant que Shin-Issei, autrement dit immigrante d'après-guerre, de femme jeune à femme d'âge moyen, de femme célibataire à femme mariée, d'épouse à mère de famille. Mes relations avec la communauté nikkei de Vancouver commencèrent quand j'entrepris ma recherche de dissertation qui portait sur le processus d'acculturation des femmes canadiennes-japonaises, c'est-à-dire des femmes issei d'avant et d'après-guerre au milieu des années soixante-dix (Shibata 1979, 1980).

Les années soixante-dix furent une période de diversification et de revitalisation pour la communauté nikkei de Vancouver en raison des changements apportés à la politique d'immigration du Canada dix ans plus tôt et de l'ascension accélérée du Japon à une position dominante dans l'économie mondiale. Les écrits documentant l'expérience nikkei se sont multipliés depuis 1977, année de la Célébration du Centenaire dont le but était d'encourager la formation d'une identité canadienne-japonaise positive. L'accélération produite par le mouvement de revendication de redressement, qui culmina au cours de l'automne 1988, contribua aussi à cet enrichissement. Néanmoins, la grande majorité des études portait sur les trois premières générations d'immigrants d'avant-guerre et leurs descendants issei, nissei et sansei. Mais les immigrants d'après-guerre ont fait l'objet de peu d'études. Nous n'existons pas vraiment dans l'histoire des Canadiens japonais.

Dans l'article sur les Japonais de The Encyclopedia of Canada's Peoples (Paul R. Magocsi, ed. 1999 p. 842-860), sous le sous-titre Migrations, nous trouvons que les chiffres d'immigration d'après-guerre et une brève description des groupes d'immigrants d'après-guerre. Malgré leur étude bien documentée de l'histoire des Japonais au Canada, les auteurs, une historienne nisei et son co-auteur, n'ont pas saisi l'importance de la contribution des immigrants d'après-guerre à la Célébration du Centenaire. Par exemple, malgré le rôle important que les immigrants d'après-guerre ont joué dans la composition de l'exposition photographique intitulée Un Rêve de richesses et du livre trilingue qui en a découlé, tous les crédits ont été attribués au photographe sansei, Tomio Wakayama. Celui-ci est un photographe talentueux ayant déjà fait

paraître plusieurs publications et qui a consacré deux de ses livres, Un Rêve de richesses (1977 sic) et Kikyo (1992), à l'expérience canadienne-japonaise. (Ayukawa and Roy 1999: 851)

Un auteur sansei écrit aussi « ... Un Rêve de richesses [sic] écrit, édité et présenté par Tamio Wakayama » (Watada 1999). Je m'incline devant le talent photographique de Tamio Wakayama, coordonnateur de ce projet. Néanmoins, le livre n'est pas uniquement à son nom puisqu'il s'agissait d'un effort de groupe effectué par le Projet Centenaire Canadien-Japonais, produit à la fois par des immigrants d'avant-guerre (Issei, Nisei, Kika-Nisei, Sansei) et d'après-guerre (Shin-Issei).

Le Projet Centenaire Canadien-Japonais était un véhicule de transmission culturelle à laquelle ont participé les membres du PCCJ, un grand nombre de bénévoles ainsi que beaucoup d'autres personnes qui ont soutenu le projet, malgré la réception peu enthousiaste que nous avait réservée la communauté nikkei de Vancouver au milieu des années soixante-dix. Surmontant de grandes différences d'âge, de génération et de nationalité, les membres du PCCJ ont lancé le mouvement de transmission culturelle dans la communauté nikkei pour que, en célébrant le Centenaire Canadien-Japonais, s'ouvre aussi une nouvelle page de notre histoire. Il est rarement mentionné que les Shin-Issei jouèrent un rôle essentiel dans ce projet qui eut pourtant de grandes répercussions sur le cours de l'histoire récente des Canadiens japonais. Je pense qu'il est temps de révéler notre participation à cette histoire et de nous identifier avec la communauté canadienne-japonaise de Vancouver.

Président antérieur de l'ANCJ et ancien membre de la PCCJ ayant joué un rôle clé dans le mouvement de revendication des années quatre-vingt, Randy Enomoto prononça un discours le 19 septembre 1998 lors du banquet marquant le 10e anniversaire du redressement. Il se remémora les événements qui eurent lieu en 1975 quand Michiko Sakata, Shin-Issei, convoqua le groupe de Canadiens japonais qui forma la PCCJ. Réfléchissant au passé récent, Enmoto déclara qu'avec les autres Sansei, il devait commencer à envisager son histoire personnelle ainsi que l'histoire des Canadiens japonais d'une autre perspective, sa nouvelle manière de concevoir les choses ayant été stimulée par les Shin-Issei, nés hors du Canada. Il déclara:

« Pour la première fois, j'ai pu observer des personnes d'origine japonaise qui ne traînaient pas le fardeau de honte que nous a laissé l'internement et qui avaient vécu leur vie franchement, sans être assaillis par les doutes d'un racisme intériorisé. Autrement dit, d'une personne renfermée sur elle-même, je me suis transformé en quelqu'un qui commençait à prendre de la force face au monde extérieur...

... Si le mouvement pour le redressement a vu le jour avec les protestations de Muriel Kitagawa au Séquestre des bien ennemis dans les années quarante, c'est aux Shin-Issei ou aux Ijusha que j'attribue le crédit d'avoir tiré les Sansei de leur somnolence dans la région de Vancouver pendant les années soixante-dix. » (Bulletin du JCCA, octobre 1998:8)

La participation des immigrants d'après-guerre à la communauté nikkei n'est pas bien documentée, en raison de l'ambivalence des membres du groupe par rapport à leur propre identité et de leur absence de voix en langue anglaise. La majorité des immigrants d'après-guerre ne s'identifiaient ni aux Japonais ni aux Canadiens japonais, chose qui a maintenant commencé à changer (Shibata 1998). Entre la fin des années soixante et le début des années soixante-dix, beaucoup de Shin-Issei se mesuraient à leur nouveau cadre de vie. Certains d'entre eux éprouvaient des difficultés à trouver du travail, d'autres se trouvaient mis au défi par leur nouvel emploi. Certains d'entre eux étaient jeunes parents réussissant à peine à faire vivre leur famille. D'autres se trouvaient aliénés par leurs enfants qui adoptaient rapidement les coutumes canadiennes, la langue et la culture d'un monde qui leur était encore étranger. En quelques décennies, au cours de leurs différentes étapes de vie, ces Shin-Issei ont graduellement acquis un nouvel ensemble de valeurs culturelles qui leur a permis de s'adapter à la vie canadienne.

D'après le recensement de 1986, la population immigrante d'après guerre représente à l'heure actuelle un quart de la population canadienne-japonaise. Par ailleurs, de nombreux immigrants d'après-guerre vivent maintenant au Canada depuis plus de trente ans, approchant l'âge mûr ou la vieillesse. Leur sens d'identité a changé au fil du temps; ils deviennent l'un des groupes essentiels dans la communauté nikkei de Vancouver. C'est pourquoi il est important de bien appréhender les relations entre les groupes d'avant et d'après-guerre ayant marqué l'identité contemporaine canadienne-japonaise, la création d'une culture canadienne-japonaise et la communauté dans sa perpétuelle évolution. Pour comprendre ce processus, nous devons connaître et comprendre chaque sous-groupe composant la communauté canadienne-japonaise, structuré par un réseau de catégories sociales basées sur l'âge, la génération, le sexe, la situation économique, la compétence linguistique (anglais et japonais), le prestige et l'autorité par rapport aux autres dans le Japon et le Canada contemporains.

D'après Olesen et Whittaker (1968), la transmission culturelle est définie comme le processus de relations réciproques entre l'expérience intérieure des individus et les environnements dans lesquels ils évoluent, dans le cadre du concept du monde intersubjectif d'Alfred Schutz (1962:312-18). La transmission culturelle ne se limite pas aux éléments ouvertement culturels (Linton 1936; Swartz 1982) mais inclut aussi des facteurs plus secrets, les aspects affectifs et les émotions. C'est le processus à suivre pour devenir Canadien japonais et pour résoudre les problèmes soulevés par les conflits interculturels et intra-

culturels à travers lesquels la personne interprète, réagit, s'adapte, puis a des échanges avec les personnes rencontrées lors du processus. Un Rêve de richesses était présenté par le Projet Centenaire Canadien-Japonais, groupe composé de première, deuxième et troisième générations de Canadiens d'origine japonaise (avant et après-guerre); il constitue un bon exemple de transmission culturelle reliant l'individuel au collectif, le spécifique à l'universel, les Canadiens japonais à d'autres groupes ethniques ainsi qu'à l'ensemble de la société canadienne. Ce projet a aussi créé des liens avec les Japonais du Japon puisqu'en 1977, année de la Célébration du Centenaire Canadien-Japonais, la version japonaise de l'exposition a été présentée dans plusieurs villes du Japon tandis que la version anglaise était présentée dans tout le Canada.

Pour illustrer la diversité de la communauté Canadienne-japonaise du milieu des années soixante-dix, je prendrai la soirée inaugurale d'Un Rêve de Richesses: Les Canadiens japonais : 1877 - 1977 au Vancouver Centennial Planetarium, le 14 juin 1976. L'exposition photographique avait été organisée par le PCCJ dont j'étais membre. L'exposition avait lieu avant la date réelle de la célébration pour attiser la curiosité des communautés japonaises dans tout le Canada, en attente des célébrations de 1977.[2] Je me souviens encore clairement de cette scène lors l'inauguration. Parmi les invités d'honneur à cette soirée d'inauguration, on voyait des dignitaires de la communauté, des reporters, des Nisei, des Sansei et des Shin-Issei de la communauté. Il y avait un bus plein des Issei qui nous avaient soutenus et encouragés pendant la durée du projet. Ils avaient partagé leurs expériences, leurs photos, leurs souvenirs. Après la cérémonie, les gens se sont précipités dans la salle d'exposition. J'étais surprise de voir les visages ravis des Issei bavardant nostalgiquement avec leurs amis des douloureuses expériences du passé. Je me souviens de Madame M. qui m'avait narré l'histoire de sa vie lors de mon travail antérieur, debout avec ses amis devant la photo d'une jeune fille en kimono. « Vous vous souvenez de cette jolie fille? Maintenant, elle doit être mère de plusieurs enfants et vivre confortablement quelque part au Canada. Je ne la reconnaîtrais plus si je la rencontrais dans la rue, maintenant… Oui, cela fait bien longtemps… »

À l'instar de Madame M., de nombreux Issei se tenaient devant les photographies, partageant leurs souvenirs avec leurs amis. C'était une réunion. Ils semblaient alors avoir accepté avec une bonne dose de philosophie leurs malheurs et leur lutte au Canada comme une partie inévitable de leur vie. Je me souviens qu'en écoutant leurs conversations, je me réjouissais d'avoir contribué à la création d'une occasion officielle et légitime où ils pouvaient parler, partager et se remémorer leur passé avec fierté. Ce sentiment n'a pourtant pas duré. Un des Nisei qui s'est avancé a exprimé son inquiétude parce que l'exposition ne montrait pas le succès des Canadiens japonais. « Vous voyez, vous n'avez pas inclus les Nisei les plus célèbres dans l'exposition… Ceci n'est pas l'histoire des Canadiens japonais! » Cette réflexion fut suivie d'autres commentaires de la part des Sansei et des Shin-Issei, exprimant leur mécontentement. Selon eux, nous n'avions fait aucune déclaration concernant les mauvais traitements infligés par le gouvernement pendant la Deuxième Guerre mondiale. « Pourquoi n'avez-vous pas expliqué les injustices que nous avons subies aux mains du gouvernement canadien? Vous êtes trop indulgents… » [3]

L'exposition et ses critiques illustraient bien la complexité de l'identité des Canadiens japonais qui ne peut être appréhendée qu'à l'aide d'une réflexion sur la conscience historique. Dans l'ensemble, les Issei acceptaient le passé; ils étaient reconnaissants d'avoir survécu et d'avoir maintenant l'occasion de faire partie de cette célébration. Certains des Nisei avaient voulu oublier ces mémoires du passé; ils n'avaient jamais discuté de leurs expériences avec leurs enfants, les Sansei. Jusqu'à ce moment-là, certains Sansei n'avaient pas accepté leur identité canadienne-japonaise et avaient été tenus dans l'ignorance du passé de leurs parents et de leurs grands-parents. Quelques uns des nouveaux immigrants étaient des étrangers lors de cette manifestation. Pour eux, l'histoire des Canadiens japonais était filtrée par leur propre vécu de la Deuxième Guerre mondiale au Japon [4]. Selon Hill, « chaque personne donne forme et signification aux événements, communiquant le passé sous forme de narrations et d'autres manifestations de la conscience historique qui puisent leur sens dans les circonstances contemporaines. » (1992: 812)

En effet, les différentes réactions face à l'exposition découlaient de la complexité de l'identité des Canadiens japonais, souvent considérés comme un groupe homogène non seulement par les personnes étrangères à la communauté, mais aussi par eux-mêmes.

La soirée de l'inauguration m'a aussi remémoré la réunion lors de laquelle les membres du Projet Centenaire Canadien-Japonais avaient discuté pendant des heures l'histoire des Canadiens japonais avant de décider comment présenter cette histoire pour qu'elle reflète « notre » passé. Pour certains d'entre nous, ce fut notre première occasion de découvrir le passé de nos parents et de nos grands-parents et de travailler avec d'autres Canadiens japonais. Pour d'autres, cela donna lieu à d'amers souvenirs de jeunesse, d'âge adulte et de maturité. Pour certains, comme pour moi, nouveaux arrivants au Canada, c'était un processus de création d'une nouvelle histoire. Tamio Wakayama raconte l'expérience :

« Nous étions un drôle de groupe, étrangers, la plupart d'entre nous, nouveaux immigrants avec quelques Canadiens japonais de deuxième et troisième génération. J'ai l'impression que les Canadiens de naissance partageaient mon malaise en présence de tant de Japonais.

Ayant grandi dans un monde raciste, nous avions appris à nous ignorer. Pourtant, quelques liens subsistaient puisque nous étions en train de prendre une décision qui allait profondément changer nos vies. Nous nous sommes regroupés sous le nom incongru de Projet Centenaire Canadien-Japonais. Le travail s'est rapidement intensifié et notre groupe a grandi en nombre. Pendant toute la durée du projet, les Shin Issei, avec leur humble fierté et leur sens de l'identité japonaise, nous ont menés d'une perception négative de nous-même en tant que l'autre, le Nippon, l'être inférieur jusqu'à la conscience que nous avons de nous-mêmes aujourd'hui. Pour moi-même, ce processus fut un révélation et un tournant. »

(Le Projet centenaire canadien-japonais, 1978 [4])

Le PCCJ était une bonne illustration du processus de transmission culturelle. Ici, l'artiste haida Robert Davidson décrit comment sa culture et sa tradition lui avaient été inculquées … « en aidant les anciens, je forgeais un lien… la tradition réside dans les manifestations culturelles. » [5] De fait, la transmission culturelle est le lien qui nous relie aux anciens et aux jeunes dans la communauté nikkei. La transmission culturelle du passé, comme un exemple bien présenté, joue un rôle dominant dans la formation de l'identité canadienne-japonaise. Créée en réponse aux besoins grandissants des personnes âgées canadiennes-japonaises qui habitaient encore dans les environs de Japantown pendant les années soixante-dix, Tonari Gumi, la Japanese Community Volunteers' Association, (l'Association des bénévoles de la communauté japonaise) est un lieu où ces liens se tissent depuis les débuts de l'Association en 1973. [6] C'est le lieu où différentes générations de membres de la communauté nikkei travaillent ensemble en tant que membres du personnel et bénévoles, offrant des services sociaux qui correspondent aux besoins changeants de la communauté (Adachi, R. 1985). Après avoir déménagé de Toronto à Vancouver avec sa famille vers la fin des années soixante, une de mes amies nisei m'a dit combien elle s'était sentie en territoire familier quand elle parlait aux Issei de Vancouver et comment elle s'était sentie attirée par Tonari Gumi:
« C'était exactement comme dans l'ancien temps. Je parlais à la génération de ma mère. C'était un mélange d'anglais et de japonais avec beaucoup de hochements de tête, vous savez. Toutes ces années, je ne savais même pas que c'était en moi, cela m'a surpris. »

Cette histoire illustre bien le rôle de Tonari Gumi dans la transmission culturelle parmi les Canadiens japonais en évoquant et en faisant le jour sur l'histoire personnelle d'une femme nisei. C'était un lieu où se communiquaient entre Canadiens japonais « les expériences socialement significatives ». (Bourdieu 1994).

À Tonari Gumi, le PCCJ reçut le soutien chaleureux qui lui a permis d'attirer des membres et des bénévoles à l'extérieur de Japantown dans l'ensemble de la communauté.

Pendant et après la célébration du centenaire canadien-japonais, ce fut l'endroit où l'avenir de la communauté nikkei était débattu et où se déroulaient les nombreuses réunions. Il en fut de même pour Katari Taiko de la Powell Street Festival Society et pour la Japanese Immigrants' Association. Dans les années quatre-vingts, ce fut là que Takeo Yamashiro (membre du personnel dévoué depuis 1973 et à présent directeur exécutif de Tonari Gumi)[7] et Tatsuo Cage ainsi que d'autres immigrants d'après-guerre et Sansei bilingues expliquèrent la signification et l'objectif du redressement aux membres issei et traduisirent leurs paroles en anglais pour les participants non-japonais. Et ce fut aussi là que, pendant les réunions, on débattait des directions à suivre pendant les années qui ont suivi le redressement dans les années quatre-vingt-dix.

En ce qui me concerne, ce fut à Tonari Gumi que j'appris à écouter et à aider les anciens nikkei. Parfois, je leur tenais lieu de petite-fille ou de fille et j'écoutais l'histoire de leur vie. Quelque fois, j'étais une femme japonaise satisfaisant leur curiosité par rapport au Japon et à moi-même, étudiante avancée de presque trente ans encore célibataire. Leurs souvenirs du passé réapparaissaient avec force quand je leur parlais. Leur récit commençait souvent ainsi : « Vous, les jeunes, vous ne nous croirez pas, mais quand nous sommes arrivés en Amérique[8]... » et finissait par ces mots : « Je suis veuve et seule. Alors, s'il m'arrive quelque chose, occupez-vous de moi, s'il vous plaît. »

Les descriptions de leur parcours de vie m'ont appris comment ils ont repris confiance en eux, développé une grande capacité d'auto direction et une compétence enviable d'adaptation à la situation en considérant la vie objectivement. Leurs récits indiquaient qu'ils avaient été déracinés, mais avaient cessé d'être des victimes. Ils acceptaient la responsabilité de leur vie.

Oui, le Tonari Gumi est une institution sociale au sein de la communauté nikkei de Vancouver. C'est un lieu où la collaboration et la transmission culturelle parmi les différentes générations et les non-Nikkei a lieu quotidiennement. À Tonari Gumi, notre diversité est devenu notre force. Là, directement ou indirectement, les Issei et Nissei âgés, les Sansei, les Shin-Issei et leurs enfants apprennent les uns auprès des autres en articulant les expériences qui les font devenir Canadiens japonais.
En guise de conclusion, j'aimerais citer une des déclarations de la dernière partie de l'exposition Un Rêve de richesses : Les Canadiens japonais : 1877-1977 mentionnée plus haut. C'est une déclaration de groupe dont les membres du Projet Centenaire Canadien Japonais ont convenu après plusieurs heures de réflexion. Je crois que cette déclaration, qui avait été formulée par Randy Enomoto, Roy Miki et Linda Uyehara Hoffman, conserve encore l'esprit de la célébration centenaire des Canadiens japonais de 1977 et de ses répercussions historiques sur notre avenir en tant que membres de la communauté nikkei :

« ... en retraçant le voyage de notre peuple dans le temps, nous remontons à nos sources, nous nous retrouvons intégrés, revivifiés sur le plan spirituel. Nous revenons de ce voyage profondément fiers de notre peuple, de sa contribution à ce pays. Mais qui sommes-nous? Nous avons retrouvé notre liberté et établi notre dignité, mais n'oublions pas que nous avons connu la haine et la peur. Combien de fois a-t-on entendu parler des « sales juifs » ou des « fainéants d'indiens » par ceux-là même que l'on appelait hier encore « sales Nippons »! Nous trahirions complètement notre histoire et l'expérience des années de guerre si nous passions du côté des racistes. Faisons honneur à notre histoire et à notre centenaire en aidant les nouveaux émigrants et les autres minorités qui empruntent maintenant le chemin que nous avons déjà parcouru. »
(Projet centenaire canadien-japonais 1978 : 170)

Références citées

ADACHI, R., Services to Japanese Canadians: An Analysis of the files of Tonari Gumi, the Japanese Community Volunteers Association, 1985. Recherche non publiée présentée à Social Work 553 sous Dr. Richard C. Nann, Avril.

AYUKAWA, M. et P. ROY. Japonais, dans P. R. Magocsi (ed.), Encyclopedia of Canada's Peoples, University of Toronto Press, Toronto, 1999, p. 842-860.

BOUDIEU, P., Language and Symbolic Power, MA: Harvard University Press, Cambridge, 1999.

HILL, J. C., Contested Past and the Practice of Anthropology, American Anthropologist 94: 809-815, 1992.

JAPANESE CANADIAN CENTENNIAL PROJECT, Un Rêve de richesses : les Canadiens Japonais : 1877-1977, Gilchrist Wright, Toronto, 1978.

LINTON, R., The Study of Man, New York: Appleton-Century-Crofts, New York, 1936.

MAGOCSI, P. R. ed., Encyclopedia of Canada's Peoples, University of Toronto Press, Toronto, 1999.

OLESEN, V. L. et E. W. WHITTAKER, The Silent Dialogue: A Study in the Social Psychology of Profession Socialization, Jossey-Bass Inc., Éditeurs, San Francisco, 1968.

SCHUTZ, A., The Problem of Social Reality, Martinus Nijhoff, La Haye, 1962.

SHIBATA, Y., Issei Women and Their Experience in Canada, dans Inalienable Rice: A Chinese and Japanese Anthology, p. 13-16, Powell Street Revue and the Chinese Writers Workshop, Vancouver, 1979.

SHIBATA, Y., Coping with Values in Conflict: Japanese Women in Canada, dans Visible Minorities and Multiculturalism: Asians in Canada, K.V. Ujimoto and G. Hirabayashi, p. 257-276, Butterworth Toronto, 1980.

SHIBATA, Y., Shifting Japanese Canadian Identities: From the Life Narratives of Japanese Canadian Women, dans Asia-Pacific and Canada: Images and Perspectives, A Collection of Essays Read at the Asia-Pacific Conference on Canadian Studies, the Japanese Association for Canadian Studies, p. 87-104, 1998.

SWARTZ, M.J., Cultural Sharing and Cultural Theory: Some Findings of a Five-Society Study, American Anthropologist 84:314-338, 1982.

WATADA, T., To go for broke: the spirit of the 70s, Canadian Literature 163, hiver: 80-91, 1999.

1 Ce document se base sur une dissertation présentée à L'Expérience nikkei dans le nord-ouest du Pacifique à l'université de Washington, Seattle, du 5 au 7 mai 2000. Je voudrais exprimer ma gratitude pour l'aide éditoriale du Dr. E. Patricia Tsurumi qui animait la session intitulée Postwar Japanese-Canadian Identity ainsi que pour l'encouragement de mes co-conférencières, Dr. Midge Ayukawa et Dr. Karen Kobayashi.

2 Une autre raison était que nous désirions attirer l'attention des média japonaises pendant qu'elles se trouvaient à Vancouver pour Habitat 76.

3 Tous ces commentaires étaient exprimés par des hommes canadiens-japonais. Les femmes étaient trop polies ou trop timides pour faire des commentaires sur l'exposition ?

4. Il y a encore des affaires en suspens et des surprises qui se préparent, associées aux souvenir et aux faits de la Deuxième Guerre mondiale. De nombreux pays (par exemple le Japon, l'Allemagne et maintenant la Suisse) et beaucoup de gens recherchent encore de nouvelles identités nationales. Les facteurs associés aux générations apportent des aspects différents dans ce processus. (Erlanger, Steven, World War II's Unfinished Business dans le New York Times, dimanche 16 février 1997, p. 14E).

5 Symposium: the Legacy of Bill Reid - a Critical Inquiry, 13-14 novembre 1999, UBC.

6 voir SAKATA, MICHIKO, Tonari Gumi, Rikka, été 1977, Vol. 4, no 2: 4-11 pour de plus amples détails.

7 Voir Chugoku Shinbunsha 1992. Imin, pp. 143-146 pour de plus amples details.

8 Amerika: L'Amérique était le terme utilisée pour le Canada en cette période. La plupart ne faisaient pas la distinction entre les deux pays, les États-Unis et le Canada.